SCHRIFTENREIHE DES IFO-INSTITUTS FÜR WIRTSCHAFTSFORSCHUNG

NR. 20

IFO-INSTITUT FÜR WIRTSCHAFTSFORSCHUNG

DIE HOLZWIRTSCHAFT DER WELT

Ein Strukturbild

Von

Dipl.-Math. ROLAND SCHROEDER

DUNCKER & HUMBLOT / BERLIN - MÜNCHEN

Alle Rechte vorbehalten
Copyright 1953 by Duncker & Humblot, Berlin-Lichterfelde
Gedruckt 1953 bei Berliner Buchdruckerei Union GmbH., Berlin SW 29

Zur Einführung

Nach den Feststellungen der Organisation für Ernährung und Landwirtschaft der Vereinten Nationen (FAO) beträgt der Wert der Welterzeugung forstlicher Urprodukte fast zwei Drittel des Wertes der Welterzeugung von Kohle, Rohstahl und Rohöl zusammengenommen. Die volkswirtschaftliche Bedeutung des Grundstoffes Holz erscheint damit treffend charakterisiert, wobei nicht vergessen werden darf, daß die ausschlaggebende Rolle des Holzes in der Rohstoffwirtschaft der Welt noch im Steigen ist angesichts der Vielfalt seiner Verwendungsmöglichkeiten als Ausgangsrohstoff für die Herstellung von Papier, Pappe, Kunstfasern und sonstigen Werkstoffen.

Entsprechend dieser Vielseitigkeit des Holzbedarfes und Holzkonsums in der Welt als Brennstoff, Baustoff, Werkstoff der Holzbe- und -verarbeitung und als Rohstoffbasis der Papiererzeugung, der Kunstfaserherstellung usw. ist die Holzwirtschaft der Welt ein sehr vielgestaltiges und mit dem menschlichen Leben eng, dabei aber überaus kompliziert verflochtenes Wirtschaftgebiet.

Nach unseren Beobachtungen besteht nicht nur in Kreisen, für die Holz nur ein Randproblem ist, sondern auch bei Holzfachleuten ein großes Interesse an Informationen über die prinzipiellen Grundlagen und die Struktur der Holzwirtschaft in der Welt. Diesem Bedürfnis will die vorliegende Arbeit durch eine kurze Darstellung der wichtigsten holzwirtschaftlichen Probleme und Zusammenhänge entgegenkommen. Sie entstand als erste in einer Reihe ähnlicher Untersuchungen der Branchenwirtschaftlichen Abteilung des Ifo-Instituts unter der wissenschaftlichen Leitung von Dr. Wilhelm Marquardt. In der knappen, zum Teil stichwortartigen Fassung soll nicht nur jenen, die lediglich mittelbar am Grundstoff Holz interessiert sind, ein Überblick vermittelt, sondern auch dem mitten in der Holzwirtschaft Stehenden geholfen werden, über den Teilproblemen des Alltags die Übersicht über die großen Zusammenhänge nicht zu verlieren.

München, den 10. Oktober 1953.

Dr. Wagner
Vorsitzender des Vorstandes
des Ifo-Instituts für Wirtschaftsforschung

Inhalt

Zur Einführung 5

A. Der Rohstoff Holz

I. Das Holzgewebe 9
II. Eigenschaften des Holzes 10
    1. Zusammensetzung 10
    2. Gewicht 10
    3. Holzfeuchtigkeit 11
    4. Quellen und Schwinden 11
    5. Festigkeit, Elastizität und Härte 11
    6. Schalldämpfung und Wärmeleitfähigkeit 12
III. Fehler des Holzes 12
IV. Wichtige Holzarten, ihre Eigenschaften und Verwendungsgebiete ... 15

B. Die Holzwirtschaft

I. Holz unter den Grundstoffen 21
II. Die regionale Verteilung der Weltholzvorräte und ihre Nutzung ... 25
III. Die Arten des Holzverbrauches in der Be- und Verarbeitung 30
    1. Holz als Brennstoff 36
    2. Die Holzzerfaserung 38
    3. Die Problematik der Versorgung der Welt mit schwach dimensioniertem Industrierohholz 41
        a) Gruben- und Faserholz im Wettbewerb 41
        b) Die Versorgungsschwierigkeiten Westeuropas und ihre Ursachen 43
        c) Möglichkeiten des Ausgleichs zwischen Angebot und Nachfrage 45
    4. Besondere Probleme der Holzbearbeitung 46
        a) Rohstoffversorgung 46
        b) Saisonbewegungen in der Holzbearbeitung 47
        c) Ausbeute und Mechanisierung 48
        d) Eigenarten des Rohstoffes Holz in der Bearbeitung 49
        e) Betriebsformen der Holzbearbeitung 51
    5. Holz als Baustoff 53
    6. Holz als Verpackungsmittel 57
    7. Die Holzverarbeitung 60
        a) Produktionsprogramm und Rohstoffverbrauch 60
        b) Grundprobleme der Holzverarbeitung 63

8 Inhalt

  ba) Maßnahmen gegen das Quellen und Schwinden des Holzes 63
  bb) Zur Problematik der Holzabfälle 66
 c) Betriebsformen und Kostenstruktur der Holzverarbeitung 67
IV. Der Ausgleich zwischen Holzaufkommen und Holzkonsum in der Welt 68
 1. Allgemeine Aspekte des Ausgleiches 68
 2. Die Abfallverwertung 70
 3. Holzschutz als Mittel der Holzeinsparung 72
 4. Kunststoffe als Ersatz für Holz 75
 5. Altpapier in der Holzeinsparung 76
V. Die internationalen Handelsbeziehungen auf dem Holzmarkt 78
 1. Holz und Holzhalbwaren im Welthandel 84
  a) Nadelrundholz 84
  b) Laubrundholz 84
  c) Faserholz 84
  d) Grubenholz 85
  e) Nadelschnittholz 85
  f) Laubschnittholz 85
  g) Sperrholz 85
  h) Holzfaserplatten 86
  i) Zellstoff und Papier 86
 2. Die Holzverarbeitung im Welthandel 86
  a) Erzeugnisse hoher Exportfähigkeit 89
  b) Erzeugnisse geringer Exportfähigkeit 90
 3. Die internationalen Holzhandelsgebräuche 91
  a) Die besonderen Probleme des internationalen Handels mit Rundholz und Holzhalbwaren 91
   aa) Der Rundholzhandel 93
    α) Die Qualität 93
    β) Die Abmessungen 94
   ab) Der Schnittholzhandel 94
    α) Die Qualität 94
    β) Die Vermessung 98
  b) Die Mängelrüge im internationalen Holzhandel 99
VI. Die Bestimmungsgrößen der Konjunktur auf den Holzmärkten .. 100
VII. Die Holzforschung 102
VIII. Literaturhinweise 106

A. Der Rohstoff Holz

I. Das Holzgewebe

Holz ist aus faserförmigen Zellen aufgebaut, die je nach den Aufgaben, die sie im Holzkörper zu verrichten haben, verschieden geformt sind. Sie wechseln außerdem von Holzart zu Holzart, aber auch ortsgebunden innerhalb des Holzstammes nach Größe, Menge und Verteilung und sind in der Mehrzahl parallel zur Hauptachse des Stammes angeordnet.

Zwischen Mark und Rinde des Holzes befindet sich ein besonders teilungsfähiges Gewebe — das Kambium — das nach außen Bast und Rinde, nach innen Holz abscheidet. Im Stamminnern befindet sich die Markröhre, um die sich konzentrische Holzschichten anordnen. Innerhalb der Holzschichten unterscheidet man bei den Bäumen der gemäßigten Zone Früh- und Spätholz, bei tropischen Bäumen aus wechselfeuchten Gegenden Zuwachszonen. Während aus dem Unterschied zwischen Frühholz und Spätholz sich bei Bäumen gemäßigter Zonen Jahresringe ergeben, die zur Altersbestimmung herangezogen werden, ist dies bei tropischen Hölzern nicht möglich, weil in der Regel zwei Regen- und zwei Trockenzeiten jährlich einander abwechseln[1]. Das immergrüne Nadelholz verwendet den Frühjahrssaftstrom zur Bildung von Frühholz. Das Laubholz der gemäßigten Zonen treibt um diese Zeit das Laub aus und setzt den größten Teil der Holzmasse erst im Sommer an. Daraus ergibt sich das langsamere Wachstum und das größere Raumgewicht dieser Laubhölzer (weniger Frühholz — mehr Spätholz). Der tropische Wald enthält Laubhölzer vom leichtesten bis zum schwersten Raumgewicht.

Der Aufbau des Holzgewebes entspricht den drei Funktionen, die es innerhalb des lebenden Holzstammes zu erfüllen hat:

---

[1] Der dadurch bedingte gleichmäßigere Faseraufbau tropischer Hölzer macht zum Teil ihre besondere Eignung für die Herstellung von Furnieren aus.

1. Wasser- und Nährsalzleitung,
2. Festigung des Stammes,
3. Speicherung von Reservestoffen.

In dieser Hinsicht besteht zwischen Nadel- und Laubholz insofern ein grundsätzlicher Unterschied, als im Nadelholz die Fasertracheiden, die im Frühholz dünnwandig sind und Wasser und Nährstoffe leiten, im Spätholz als dickwandige Zellen ausgebildet der Festigung dienen. Im Laubholz übernehmen die Holzfasern — gleichmäßig dickwandige tote Zellen — die Festigung des Holzgewebes, während die Tracheen, die aus in Längsreihen angeordneten langgestreckten Zellen mit aufgelösten Querwänden bestehen, die Wasser- und Nährstoffleitung besorgen. Parenchymzellen — das sind dünnwandige Zellen, in deren Innerem sich lebendes Plasma befindet — dienen sowohl im Nadel- als auch im Laubholz der Stoffspeicherung. Sogenannte Markstrahlen verlaufen von der Rinde in das Holzinnere. Es sind zusammenhängende, hochkant angeordnete Zellen, die zu ein- und mehrschichtigen verschieden breiten und dicken Bändern vereinigt sind (bei der Eiche besonders stark ausgebildet — „Spiegel"). Oft dienen bei den Markstrahlen die inneren Reihen der Stoffspeicherung, die äußeren der Stoffleitung quer zur Faser.

II. Eigenschaften des Holzes

1. Zusammensetzung

Holz besteht im wesentlichen aus:

40—50 % Zellulose (Traubenzucker, zu Fadenmolekülen vereinigt),

20—30 % Lignin (Zusammensetzung noch nicht ganz geklärt),

20—25 % Holzpolyosen (zuckerähnlichen Stoffen, die als Verbindungsbausteine Zellulose und Lignin zu einer biologischen Einheit verknüpfen).

2. Gewicht

Man unterscheidet:

a) Das spezifische Gewicht (Reinwichte) in gr/cm³ reine Holzmasse ohne Hohlraumanteil. Es ist bei allen Holzarten mit etwa 1,5 gr/cm³ nahezu konstant.

b) Das Raumgewicht (Rohwichte) in gr/cm³ Holzmasse einschließlich Hohlraumanteil. Das Raumgewicht ist bei den einzelnen Holzarten und innerhalb der Holzarten sehr verschieden. Es wird bei 0 % (r_0), nach Din 52182 bei 12 %, aber auch bei 15 % Feuchtigkeit angegeben (r_0 etwa 0,1—1,4 gr/cm³).

II. Eigenschaften des Holzes

3. Holzfeuchtigkeit

Die Verteilung des Wassers im lebenden Baum ist ungleichmäßig. Bezogen auf das Gewicht des absolut trockenen (atro) Holzes (Darrgewicht) enthält

frisch gefälltes Nadelholz:

    im Kern   30—100 %

    im Splint 100—220 %

frisch gefälltes Laubholz:

    im Kern   50—100 %

    im Splint 95—100 %

Feuchtigkeit.

Lufttrockenes Holz enthält dagegen je nach den klimatischen Verhältnissen zwischen 10 und 20 % Feuchtigkeit. Unterhalb des Fasersättigungsbereiches (etwa 28—32 % Feuchtigkeit) ist im Holz kein freies Wasser in den Zellhohlräumen mehr enthalten, sondern nur gebundenes Wasser innerhalb der Zellenwände.

4. Quellen und Schwinden

Mit dem Quellen und Schwinden des Holzes bezeichnet man die Veränderungen des Volumens bei Feuchtigkeitsaufnahme bzw. -abgabe. Das Ausmaß dieser Veränderungen ist längs der Faser, quer und radial zur Faser sehr unterschiedlich (Werfen, „Arbeiten" des Holzes).

Für das Quellen (α) gilt etwa:

$$\alpha \text{ längs} : \alpha \text{ radial} : \alpha \text{ tangential} = 1 : 13 : 23$$

Hoher Ligningehalt und gleichmäßige Struktur des Holzgefüges setzen die Unterschiede dieser richtunggebundenen Veränderungen des Volumens herab (dies trifft für manche tropischen Hölzer in besonderem Maße zu).

5. Festigkeit, Elastizität und Härte

Die Festigkeit des Holzes nimmt mit steigendem Raumgewicht zu und mit steigendem Feuchtigkeitsgehalt etwa bis zum Fasersättigungspunkt ab. Die Holzfestigkeit ist hoch längs der Faser, gering quer zur Faser. Holzfehler wie Äste, Drehwuchs usw. setzen die Festigkeit meist herab und sind deshalb ein entscheidendes Sortierungsmerkmal insbesondere beim Bauholz.

A. Der Rohstoff Holz

Die mechanischen Eigenschaften einiger mitteleuropäischer Hölzer

Holzart	Rohwichte [1]	Druck-[2]	Biege-	Zug-[3]	Elastizitätsmodul	Härte nach Janka
			Festigkeit			
	g/cm²	kg/cm²			kg/cm²	
Rotbuche	0,54 — 0,73 — 0,91	530	1050	70	160 000	780
Stieleiche	0,43 — 0,69 — 0,96	520	880	40	115 000	650
Gem. Fichte	0,33 — 0,47 — 0,68	430	660	27	110 000	270
Gem. Kiefer	0,33 — 0,52 — 0,89	470	870	30	120 000	300

[1] Angegeben sind Grenzwerte und Mittelwert bei 15 % Feuchtigkeitsgehalt. — [2] Parallel zur Faser. — [3] Senkrecht zur Faser.

Quelle: Taschenbuch für den Holzfachmann. 1951. Krögers Verlagsanstalt GmbH., Hamburg.

6. Schalldämpfung und Wärmeleitfähigkeit

Holz hat ausgezeichnete Schalldämpfungseigenschaften und bietet einen guten Wärmeschutz. Da es sich außerdem leicht bearbeiten läßt, macht dies die besondere Eignung des Holzes zu Bauzwecken und für die Herstellung von Gegenständen des täglichen Gebrauchs und Musikinstrumenten (Schalldämpfung) aus.

Wärmeleitzahlen verschiedener Werk- und Baustoffe

Werk- bzw. Baustoff	Wärmeleitzahl in kcal./m.Std.°
Holz (vor Feuchtigkeit geschützt)	0,11
Pappe	0,12
Kork	0,04 — 0,06
Beton (lufttrocken)	0,31
Eisen	50,00
Erde	2,00
Putz	0,80 — 1,00

Quelle: Taschenbuch für den Holzfachmann 1951, Krögers Verlagsanstalt GmbH., Hamburg.

III. Fehler des Holzes

Holzfehler sind auf zwei Arten von Ursachen zurückzuführen:

1. Sie können in der Natur des Holzes (Baumes) begründet sein (Erbanlage).

2. Sie können durch äußere mechanische, biologische oder chemische Einflüsse entstehen.

III. Fehler des Holzes

Die hauptsächlichsten Holzfehler

Bezeichnung	Beschreibung	Auswirkung auf die Holzeigenschaften
Abholzigkeit	Abnahme des Stammdurchmessers zum Zopfende zu, soweit sie 1 cm je 1 m Stammlänge überschreitet	Verminderung der Ausbeute bei der Holzbearbeitung
Ästigkeit	Fest verwachsene gesunde Äste sind in jedem Stamm vorhanden. Trocken- oder Schwarzäste sind tote Äste, die nach dem Einschnitt beim Trocknen herausfallen	Herabsetzung der Festigkeit je nach Größe, Art, Zahl und Anordnung der Äste
Drehwuchs	Spiralförmiger Verlauf der Holzfaser	Bei Brettern Verminderung der Brauchbarkeit als Bauholz. Erschwerung der Imprägnierung
Exzentrischer Wuchs	Entsteht infolge einseitiger Belastung des Stammes durch Wind oder Schnee usw. Schrägstellung	Ungleichmäßige Festigkeitseigenschaften. Stärkere Quellung und Schwindung
Harzgallen	Mit Harz ausgefüllte Höhlungen	Bei häufigem Auftreten unverwendbar als Brett
Hohlkehlen	Tiefe Holzaussparungen, Achselhöhlen, Hohlräume — oft lange Rinnen. Sie entstehen als Folge der Unterernährung des Kambiums unterhalb von Ästen (bes. häufig bei Rotbuche)	U. U. starke Herabsetzung des Holzwertes und der Verwendbarkeit
Krebsbeulen	Knollenartige Wucherungen der Rindenschichten als Folge von Überwallungen von Schadstellen	U. U. starke Herabsetzung der Verwendbarkeit
Krummschäftigkeit	Durchbiegen des Stammes beim Wachsen	Herabsetzung der Ausbeute. U. U. Erhöhung des Holzwertes für den Stellmacher (Kufen) u. Schiffsbauer
darunter:		
Säbelwuchs	Einseitige Krummschäftigkeit	
Maserwuchs	Ursache oft Anhäufung schlafender Knospen im Stamm Holzfasern verlaufen in alle Richtungen	Geschätzt als Furnier- und Drechslerholz. Ungeeignet als Konstruktionsholz
Rindenbrand	Durch starke Sonneneinstrahlung abgestorbenes Kambium — dadurch Ablösung der Rinde	Herabsetzung des Holzwertes, sofern bei nicht rechtzeitigem Einschlag die Zersetzung durch eingedrungene Schädlinge eingesetzt hat

Bezeichnung	Beschreibung	Auswirkung auf die Holzeigenschaften
Ringschäle	Rißbildung parallel zu den Jahresringen	Starke Herabsetzung des Holzwertes
Risse	Mark- und Kernrisse entstehen durch Schwindung im Innern des lebenden Baumes Blitzrisse, Frostrisse durch Blitzschlag und Frost. Luftrisse durch plötzliche Austrocknung der Holzoberfläche	Bei starker Klüftung bzw. tiefem Eindringen u. U. unverwendbar als Schnittholz
Rotfäule	Entsteht durch Eindringen des Wurzelschwammes in das Stamminnere (besonders bei Fichte) oder durch Wildschäle (beschränkt auf das untere Stammende)	Beträchtliche Wertminderung des befallenen Stammteiles
Rotstreifigkeit	Eindringen von Pilzen aus Wundstellen der Rinde ins Stamminnere	Wertminderung im Anfangsstadium unwesentlich
Spannrückigkeit	Häufig bei Hainbuche, Eibe u. Wacholder. Besteht in starkem Abweichen von der zylindrischen Stammform	Herabsetzung der Ausbeute bei der Bearbeitung
Verblauung	Scheinbare Verfärbung des Holzes (blau, grau, grün, schwarz) hervorgerufen durch die Pilzfäden von verschiedenen Pilzen (sog. Bläuepilze), wovon besonders die Kiefer leicht befallen wird	Keine merkliche Beeinträchtigung der Festigkeit, lediglich eine des Aussehens
Wimmerwuchs	Wellenförmiger Faserverlauf	Besonders geeignet als Furnier und zum Bau von Musikinstrumenten
Wulstholz	Entsteht durch Faserstauchungen nach kurzer Belastung	Ungeeignet als Bauholz, das auf Zug und Biegung beansprucht wird
Trocken- und Dämpffehler	Entstehen als Risse, Verfärbungen, Verschalung durch unsachgemäßes Trocknen und Dämpfen	Kann bei starker Rißbildung den Holzwert beträchtlich herabsetzen; Schädigung des Aussehens
Pilzbefall	Befall durch holzzerstörende Pilze wie Hausschwamm, Porenschwamm usw. als Oberflächenpilze und sogenannte Substratpilze, die im Holzinnern leben	Je nach Befall oft sehr weitgehende Zerstörung des Holzes
Befall durch tierische Schädlinge	Schäden durch Fraß der Larven verschiedener Käfer usw. (Hausbock, Totenuhr, Termiten, Schiffbohrwurm u. ä.), äußerlich oft nur durch die Flug- bzw. Fraßlöcher zu erkennen	Je nach Befall oft sehr weitgehende Zerstörung des Holzes

IV. Wichtige Holzarten, ihre Eigenschaften und Verwendungsgebiete

Aus dem Vorhergehenden ist ersichtlich, daß die mechanischen Eigenschaften der einzelnen Holzarten recht unterschiedlich sind. In gleicher Weise unterscheiden sich die verschiedenen Holzarten auch in ihrem Aussehen, ihrer Oberflächenbeschaffenheit und den Eigenschaften ihrer Faserstruktur, ebenso wie in ihrer chemischen Zusammensetzung. Die verschiedenen auf der Erde vorkommenden Holzarten weichen aus diesen Gründen in ihrer Eignung für die verschiedenen Verwendungsgebiete erheblich voneinander ab. Die nachfolgende Übersicht gibt einen Überblick über die wichtigsten Holzarten, ihre Haupteigenschaften und ihre Hauptverwendungsgebiete.

Wichtige Holzarten, ihre Eigenschaften und Verwendungsgebiete

Bezeichnung	Vorkommen	Eigenschaften und Aussehen	Eignung
Abachi	westafrikanischer Äquatorialwald	Leicht, wenig schwindend, druck- und biegefest, Oberfläche hellgelb, im Tangentialschnitt auffallend quergestreift	Deck-, Innen- und Absperrfurniere, Sperrholz, Rahmen, Klavierbau, Modellbau. Karosserie- u. Flugzeugbau, geeignet für Zellstofferzeugung
Ahorn (man unterscheidet Berg-, Feld- und Spitzahorn)	Mittel- und Südeuropa	Hart, mäßig leicht, schwer- aber geradspaltig. Schwindet mäßig, reißt kaum, wirft sich wenig	Wagenbau, Drehteile, Schnitzereien, Küchengeräte
Apfelbaum	Mittel- und Südeuropa, Orient, Indien	Schwer, hart und fest, wenig elastisch, biegsam, stark schwindend und schwer spaltbar	Tischler-, Drechsler-, und Schnitzholz
Balsa	Amazonas, Mittelamerika	Außergewöhnlich leicht, schwindet wenig, geringe Wärmeleitzahl (fast wie Luft), geringe Festigkeit	Mittellagen für besonders leichte Tischlerplatten. Schwimmkörper, Tropenhelme, Kühlschränke, Korkersatz der Linoleumindustrie. Zellstofferzeugung
Birke	Europa, Mittel- u. Nordasien	Mäßig schwer, sehr fest und elastisch, ziemlich feines langfaseriges Gewebe	Möbel, Drehteile, Furniere, Sperrholz, Faserholz

Be-zeichnung	Vorkommen	Eigenschaften und Aussehen	Eignung
Birnbaum	Mittel- und Südeuropa, Vorderasien, Sibirien	Schwer, ziemlich hart, wenig elastisch, stark schwindend, ziemlich biegsam, arbeitet wenig	Tischlerarbeiten, Drehteile, Schnitzereien, Furniere
Buche	Fast ganz Europa	Schwer, mittelhart, fest, wenig elastisch, sehr tragfähig, stark schwindend und reißend, arbeitet stark. Besonders biegsam	Bauholz, Faserholz, Wagen- und Karosseriebau, Tisch- und Stuhlbeine, Sesselgestelle, Absperrfurnier, Faßholz, Parkett, Sperrholz, Schwellen, Treppen, gebogene Teile
Buchsbaum	Europa, Nordafrika, Orient	Besonders schwer, sehr hart und dicht, schwer spaltbar, nicht werfend, wenn getrocknet. Hell bis dunkelgelb	Bestes Schnitz- u. Drechslerholz, Weberschiffchen, Holzschnitte, Tabakspfeifen
Douglasie (Oregon pine)	USA, Kanada (wird in Europa in steigendem Maße angebaut)	Mäßig schwer, eines der festesten Nadelhölzer, ziemlich hart, stark schwindend	Möbel, Schiffsbau, Schwellen, Brückenbau, Holzpflaster, Parkett, Wandvertäfelung
Ebenhölzer (bekannt sind ca. 250 Abarten)	Indien, Malaya, Afrika	Vollkommen schwarz oder schwarzbraun oder mit helleren und dunkleren Zonen, außergewöhnlich schwer, hart, fest, sehr dauerhaft, wenig elastisch, gut spaltbar	Luxusholz für Intarsien u. Drechslerarbeiten, Furniere (Makassar)
Eichen (bekannt sind vor allem die Rot-, Stiel-, Trauben- u. Weißeiche)	Europa, Kleinasien, Südostasien, Nordamerika	Schwer, dicht, hart, sehr tragfähig u. dauerhaft, mäßig schwindend, gut spaltbar, im allgemeinen wenig werfend, gerbsäurehaltig	Grubenholz, bestes Nutz-, Bau- und Konstruktionsholz, Furniere, Faßholz, Parkett. Das Holz der Zerreiche und der Pflaumeiche ist weniger gefragt. Roteiche als Faßholz nicht verwendbar
Erle	Europa, Sibirien, Nordwestafrika, z. T. Kanada	Mäßig leicht, weich, wenig elastisch und tragfähig, gut spaltbar	Bau- und Möbelholz, Sperrholz, Schnitzer- und Drechslerarbeiten, geeignet für Wasserbau

IV. Wichtige Holzarten, Eigenschaften u. Verwendungsgebiete

Bezeichnung	Vorkommen	Eigenschaften und Aussehen	Eignung
Esche	Europa	Splintholz sehr breit, hellgelb, Kernholz hellbraun, schwer, ziemlich hart, sehr elastisch, tragfähig, relativ fein- und langfaserig	Stellmacher- und Konstruktionsholz, Gerätestiele, Turngeräte, Sitze, Furniere
Fichte	Nord- und Mitteleuropa	Kein Kern, mäßig leicht, mittelhart, relativ elastisch, weniger biegsam, wenig schwindend, leicht spaltbar	Bau-, Möbel- und Werkholz, Brücken- und Schiffsbau, Faserholz, Grubenholz, Sperrholz, Musikinstrumente, Masten
Hikory	Nordamerika	Sehr schwer, hart, fest, schwer spaltbar, sehr zäh und elastisch, stark schwindend, somit werfend und reißend	Stellmacherei, Webschützen, Sportgeräte, Gerätestiele, d. h. überall dort, wo hohe plötzliche Belastungen auftreten
Gemeine Kiefer	Größter Teil Europas, Vorderasien, Sibirien	Mäßig leicht, weich, nicht sehr elastisch, grobfaserig, wenig zäh, leicht spaltend, harzreich	Meist gebrauchtes Nadelholz zu Bau- u. Konstruktionszwecken, Möbel, Grubenholz, Faserholz (Sulfatzellstoff), Sperrholz, Schwellen, Masten
Weymouth-Kiefer	Östl. Nordamerika, Deutschland, England, Frankreich	Leicht, sehr weich, leicht spaltbar, wenig schwindend, besonders schallisolierend, geringe Festigkeit	Bau- u. Konstruktionsholz; Möbel, Telefonzellen, Faserholz, Blindholz
Lärche	Mitteleuropa, USA, Asien	Gelblich weiß bis rötlich weiß, mäßig schwer, sehr fest, elastisch, gut spaltbar, wenig schwindend, sehr dauerhaft	Bau- u. Konstruktionsholz; Wasserbau; Drechsler- u. Böttcherarbeiten, Musikinstrumente
Limba	Westafrikanischer Äquatorialwald	Gelblich bis gelbbräunlich, oft mit oliv- bis schwarzbraunem Kern, mäßig schwer, weich bis mittelhart, Zugfestigkeit gering, mäßig schwindend (ähnelt etwas dem Eichenholz)	Absperrfurnier, Bau- u. Konstruktionsholz, Deckfurnier (Ersatz für Eiche bzw. Nußbaum), Möbelteile (vor allem Möbelleisten), Sperrholz
Linde	Europa	Hell rahmfarben mit bräunlichem bis rötlichem Unterton, mäßig leicht, wenig biegsam, weich, relativ elastisch, mäßig schwindend	Schnitzholz, Blindholz im Möbelbau, Orgelbau

Bezeichnung	Vorkommen	Eigenschaften und Aussehen	Eignung
Mahagonihölzer		Bemerkung: Als Mahagoni gelten nur Vertreter der botanischen Familie Miliaceae, sofern sie die typische dunkelbraune Mahagonifarbe besitzen	
Kuba-Mahagoni	Mittelamerika, nördl. Südamerika, Antillen, Indien, Burma, Afrika	Splintholz weißlich-gelb, Kern zimt- bis rotbraun, u. U. streifig, mäßig schwer, fest, ziemlich zäh	Deckfurniere im Möbelbau, Bootsbau, Autokarosserien, Flugzeugteile, Drechsler- und Schnitzerarbeiten
Tabasko-Mahagoni	Süd-Mexiko, Nicaragua, Britisch Honduras	Kern rötlich- bis goldbraun	Wie Kuba-Mahagoni
Sapale-Mahagoni	Kamerun, Südnigeria, Brit. Guinea	Rotbraun bis kupferfarbig	Wie Kuba-Mahagoni
Nußbaumhölzer			
Schwarznuß	Östl. Nordamerika, auch Europa	Kern dunkel- bis schokoladebraun, mäßig schwer, hart, fest, dauerhaft	Nutz- und Luxusholz für Furniere u. Vertäfelungen
Walnuß	Europa, Mittelasien, Japan, Mexiko, Kalifornien, Florida	Kern mattbraun bis dunkelbraun mit unregelmäßigen, schwarzbraunen Streifen, schwer, fest, dauerhaft, mittelhart, relativ biegsam, wenig elastisch, stark schwindend	Wie Schwarznuß
Okoumé	tropisch Westafrika (nur in Gabun und in Spanisch-Guinea)	Leicht rosa bis hellrot, leicht, nicht sehr hart, sehr biegsam, wenig schwindend, besonders schnellwüchsig, erreicht mit 15 Jahren einen Stammdurchmesser von 30, in 60 Jahren von 80 cm und mehr	Bau- und Möbeltischlerei, Furniere als Absperrfurniere in d. Sperrholzindustrie, Füllungen, Wandverkleidung (der „Klassiker" unter den Schälhölzern), Sperrholz
Pappel	Nordamerika, Mitteleuropa, Orient	Leicht, ziemlich biegsam, schwach elastisch, weich, mäßig schwindend, wenig werfend, leicht spaltend, schnellwüchsig	Blindholz in Tischlerplatten, Kisten, Leichtfässer, Reiß- u. Zeichenbretter, Holzschuhe, Faserholz, Streichhölzer, künstliche Gliedmaßen, Sperrholz

IV. Wichtige Holzarten, Eigenschaften u. Verwendungsgebiete

Bezeichnung	Vorkommen	Eigenschaften und Aussehen	Eignung
Echtes Pockholz	Venezuela, Kolumbien, Panama, Honduras	Splintholz hellgelb, Kern grüngelb bis grünlichbraun mit dunkleren Zonen, außergewöhnlich schwer, hart und dicht, dauerhaft, zäh, harzhaltig, kaum spaltbar	Holzlager, Wasserbau, Schiffsbau (bekannt als Holz für Kegelkugeln)
Quebracho	Paraguay, Uruguay, Argentinien, Brasilien, Bolivien	Fleisch-, später karminrot, äußerst schwer, sehr hart, wenn trocken nicht werfend, außergewöhnlich dauerhaft. Enthält 20—30% Tannin, läßt sich nur mit Spezialstählen bearbeiten	Holzlager, Gerbstoffquelle, Masten, Pfähle, Eisenbahnschwellen
Amerikan. Rotholz (Eibenzypresse)	Kalifornien	Leicht, weich, sehr dauerhaft, wenig schwindend, dicht, kurzfaserig, leicht spaltbar	Wertvollstes Nutzholz des nordamerikanisch. Westens für Möbel, Bauten u. Konstruktionen
Tanne (Weißtanne)	Mitteleuropa	Mäßig leicht, weich, oft kernrissig, sehr elastisch, wenig biegsam	Wie Fichte
Teak	Monsunwälder Vorderindiens, Burma, Ceylon, Siam, Niederländ. Indien	Hellbraun bis schwärzlichbraun, schwer, wenig schwindend, ölhaltig, daher wasserabweisend, hoher Kieselsäuregehalt, relativ insektenfest	Schiffsbau, Brücken-, Eisenbahn-, Hafenbau; Stellmacher-, Schnitz- und Möbelholz; Furniere, Holzgehäuse der Wasserwaage
Ulmenhölzer (Berg-, Feld-, Flatterulme)	Nord- und Mitteleuropa, Nordafrika, Asien	Schwer, fest, hart, relativ grob- und langfaserig, biegsam, ziemlich elastisch, mäßig schwindend, leicht spaltend (Flatterulme etwas weniger gute Eigenschaften)	Wagner- u. Drechslerholz, Furnierholz (besonders Feldulme), Bau- und Möbelholz
Weide	Europa, Sibirien, Kleinasien	Mäßig leicht, sehr weich, zäh, grobfaserig, leicht spaltend und biegsam	Korbwaren, Korbmöbel, Kisten
Weißbuche	Europa, Vorderasien	Sehr schwer, hart, fest, schwer spaltend, dauerhaft, zäh, kurzfaserig, elastisch, stark werfend	Mühlenbau, Maschinenteile, Drechslerholz, Stellmacher- und Geräteholz
Zeder	Bemerkung: Es gibt nur 3 echte Zederarten: Die Libanon-, Atlas- und Himalajazeder; sie sind aber im Handel kaum noch erhältlich		

Die meisten Überseehölzer haben außer den angegebenen Bezeichnungen eine oft erhebliche Anzahl anderslautender Handelsnamen, in der Regel je nach der Gegend, aus der sie stammen. Die Orientierung auf diesem Gebiet wird außerdem noch dadurch erschwert, daß unter Umständen das Kernholz und das Splintholz unter verschiedenen Handelsnamen gehandelt werden.

So z. B. bezeichnet man in den USA Schnitthölzer aus dem Splintholz des „american sweet gum" mit „sapgum" und Schnittholz, das aus dem Kernholz dieser Holzart erzeugt ist, mit „redgum". In Europa nennt man diese beiden Schnittholzsortimente „Hazel Pine" bzw. „Satin Walnut".

B. Die Holzwirtschaft

I. Holz unter den Grundstoffen

Holz ist ein Grundstoff, dessen Hauptbedeutung neben seiner Rolle als Energie-(Wärme-)Quelle zunächst in seiner Verwendung als Baumaterial lag. Ein erheblicher Teil des Holzes wird auch heute noch in der Welt als Brennholz verbraucht (1950 etwa 66% des Laubholzes und 16% des Nadelholzes). Rund 70% werden für sonstige Zwecke verwendet, wobei der Verbrauch als Baustoff mit etwa zwei Dritteln[1] davon auch heute noch überwiegt. In der Jetztzeit zeichnen sich zusätzliche Verwendungsgebiete für Holz ab; so erlangt es zunehmende Bedeutung als industrieller Rohstoff.

Holz unter den Grundstoffen
Geschätzte Welterzeugung

Grundstoff	Wert in Mrd. US-Dollar	
	1950	1951
Forstl. Urprodukte	20	23
Kohle[1]	13	14
Rohstahl[2]	10	11
Rohöl	10	11,5

[1] Einschließlich Braunkohle aller Art.
[2] Rohblöcke und Gußstahl.

Quelle: FAO[2], Statistisches Jahrbuch der Forsterzeugnisse 1951 und 1952.

Der Verbrauch von Holz als Grubenholz im Bergbau hat mit steigendem Weltbedarf an Kohle und Eisen seit dem 14. Jahrhundert immer größere Mengen beansprucht. Die erwähnten neuen Verwendungsgebiete bestehen vorwiegend in der Nutzung des Holzes als Faserrohstoff für die Erzeugung von Holzschliff und Zellstoff und als chemischen Rohstoff für Kunstfasern und Kunstmassen, daneben in der Holzhydrolyse und Holzdestillation. Wenn der westeuropäische

---

[1] Nach Kollmann war der Weltverbrauch an Bauholz im Jahre 1937 450 Mill. fm bei einem Nutzholzverbrauch der Welt von rund 700 Mill. fm — d. h. 64%. Für 1950 gibt die FAO 41% als Anteil des Bauholzes am Nutzholzverbrauch Europas an.

[2] FAO = Food and Agricultural Organization der UNO.

B. Die Holzwirtschaft

Die industrielle Verflechtung der US-amerikanischen Holz- und Papierindustrie 1947
Verteilung des Ausstoßes zu Selbstkostenpreisen in vH

Gebende Gruppe / Empfangende Gruppe	Holz-wirtschaft	davon Möbel-industrie	Papier-wirtschaft	davon Druck- und Verlagswesen
Landwirtschaft, Fischerei, Nahrungs- und Genußmittelindustrie	2,78	0	3,90	7,0
Textil und Bekleidung	0,36	37,5	0,73	1,9
Holzwirtschaft	16,71	0,5	0,14	0
dar.: Möbelindustrie	4,41	1,8	0,10	0
Papierwirtschaft	3,07	1,8	30,95	17,3
dar.: Druck- u. Verlagswesen	0	—	12,88	41,5
Chemische Industrie	0,51	0	2,42	4,6
Bergbau (Kohle und Öl)	0,07	0	0,78	0
Leder und Gummi	0,19	0	0,51	0
Steine, Erden, Keramik, Glas	0,19	0	1,25	0
Eisen-, Stahl-, NE-Metallerzeugung	0,72	0	0	0
Metallverarbeitung	0,70	0	0,73	11,4
Maschinenbau	1,09	5,2	0,38	15,7
Elektrotechnik	1,70	68,2	0,52	8,5
Fahrzeugbau	1,41	36,8	0,37	0
Energiewirtschaft	0,68	0	0,03	0
Transport und Verkehr	0,07	0	0,70	92,1
Handel	0,31	0	4,64	14,7
Banken und Versicherungen	0,46	100	1,49	94,3
Bauwirtschaft	28,40	7,8	1,19	0
Sonstige Wirtschaftszweige	3,51	26,6	22,56	88,0
Eigene Lageraufstockung	2,83	31,0	0,31	0
Behörden	0,74	78,8	1,50	72,6
Export	2,31	17,1	1,58	31,9
Eigenkapital-Bildung	6,80	94,1	0,62	100
Private Haushaltungen (Endverbraucher)	17,16	95,6	12,79	81,2
Nicht aufgegliedert	7,23	30,9	9,89	41,2
Insgesamt	100	32,5	100	44,9

Quelle: The Review of Economics and Statistics Vol. XXXIV May 1952, No. 2, Evans und Hoffenberg, The interindustry relations. Study for 1947.

Gesamtverbrauch an Holz nach den Feststellungen der FAO trotz steigender Holzpreise und zunehmender Holzverdrängung (z. B. im Bauwesen) jährlich um 2,5 bis 3,5 % wächst, dann hauptsächlich wegen der zunehmenden Nutzung des Holzes als Faserrohstoff[3] der Papier- und Kunstfaserindustrie.

Wie wesentlich Holz und Papier für die Weltwirtschaft sind, zeigt die vorstehende Zahlenübersicht am Beispiel der Verteilung des Ausstoßes der US-amerikanischen Holz- und Papierindustrie auf die einzelnen Industriezweige bzw. Wirtschaftsbereiche. Man erkennt, daß nur die Erzeugnisse der Möbelindustrie und des Druck- und Verlagsgewerbes in großem Umfang unmittelbar zum Verbrauch in Einzelhaushalte gelangen. Für die übrigen Branchen der Holz- und Papierindustrie sind Industrie und Handel die weitaus wichtigeren Verbraucher, wobei die Bauwirtschaft als Holzkonsument besonders hervortritt.

Wie die nachstehende Zahlenübersicht zeigt (siehe Seite 24), sind die vorhandenen Waldflächen, das Rohholzaufkommen und der Holzkonsum ungleichmäßig auf die Erdteile und Länder verteilt. Dabei ist zu erkennen, daß

1. praktisch nur Europa seine Forsten verhältnismäßig intensiv und rationell nutzt. (Siehe Tabelle Seite 24.)

Holz als Faserrohstoff

Jahr	Papier und Pappe	Kunstfasern [1]
	Welterzeugung in 1 000 t	
1938	28 480	875
1946	30 350	767
1948	37 000	1 114
1950	37 740	1 585
1951	41 030	1 796

[1] Der europäische Konsum an Kunstseide betrug 1938 420 000 t, 1950 dagegen schon 640 000 t, d. h. er stieg von 17 % auf 22,5 % des Gesamtverbrauchs an Textilfasern.

Quelle: Treuhandstelle der Zellstoff- und Papierindustrie, Weltpapierstatistik 1949; FAO, Statistisches Jahrbuch der Forsterzeugnisse 1951 und 1952; Textile Organon, Vol. XXIII, No. 6, June 1952.

---

[3] Nach Ermittlungen der FAO betrug der Faserholzverbrauch in Europa 1913 18 Mill. fm. In der Zeit von 1935 bis 1938 waren es 36 Mill. und 1950 35 Mill. fm. Der Faserholzanteil stieg damit von 7 % der Rundholzerzeugung im Jahre 1913 auf 13 % für 1935—1938. Dabei wurden die Aufschlußverfahren ständig verbessert. 1950 brauchte man je t Papier um 10 % weniger an Faserholz als z. B. 1937.

Die Weltholzvorräte und ihre Nutzung im Jahre 1951

Erdteil bzw. Land	Waldfläche [1] in 1000 ha	Waldfläche [1] Anteil in vH	Rohholzeinschlag in 1000 fm	Rohholzeinschlag Anteil in vH [2]	Forst-nutzung in fm/ha [3]	Mittlerer Holzverbrauch 1947/1951 in fm je 1000 Einwohner	Mittlerer Holzverbrauch 1947/1951 davon Brennholzanteil [4] in vH	Anteil des Holzverbrauchs am Rohholzeinschlag der Welt
Insgesamt	4 022 000	100	860 600[5]	100	0,28[5]	580[6]	45	100
davon: Europa	127 000[5]	3,2	257 300[5]	17,6	2,03[5]	690[7]	41	14,1[7]
darunter: Österreich	3 050		10 191		3,34	650	48	
Belgien	541		2 312		4,28	550[8]	9	
Finnland	21 630		33 400[9]		1,54[9]	3 500[10]	63	
Frankreich	11 130		21 845[11]		1,96[11]	630	37	
Westdeutschland	7 001		26 464[12]		3,78[12]	660[18]	33	
Italien	5 973		12 784[13]		2,14[13]	380	50	
Niederlande	242		618		2,55	500	4	
Norwegen	7 500		9 353[13]		1,25[13]	1 910	36	
Schweden	23 535		37 300[13]		1,58[13]	2 750[14]	49	
Schweiz	1 011		3 680		3,64	1 050	39	
Großbritannien	1 514		3 131		2,07	500	2	
Jugoslawien	7 780		20 530		2,64	1 420	73	
Polen	6 909		11 730[15]		1,70[15]	.	.	
Tschechoslowakei	4 070		10 990[15]		2,70[15]	.	.	
UdSSR	920 000	22,9	600 000[16]	41,1	0,65[16]	.	.	42,9[17]
Nord- und Zentralamerika	764 000	19,0	405 000	27,7	0,53	2 080	23	28,3
darunter: Kanada	338 799	8,4	100 296	6,9	0,30	3 980	41	3,9
USA	252 530	6,3	291 979	20,0	1,16	2 070	17	23,4
Südamerika	746 000	18,5	20 100	1,4	0,03	1 390	85	1,4
Afrika	917 000	22,8	66 300	4,6	0,07	430	86	5,0
Asien	472 000	11,7	92 200	6,3	0,10	110	64	6,7
Pazifik	76 000	1,9	19 700	1,3	0,26	1 720	52	1,6
darunter: Australien	30 925	0,8	16 369	1,1	0,53	2 160	24	1,4

[1] Einschließlich der zur Wiederaufforstung bestimmten Flächen und unzugänglichen Waldgebiete. — [2] Gesamteinschlag mit UdSSR = 100. — [3] Rechnerisch. — [4] Einschließlich der Mengen zur Herstellung von Holzkohle und für die Destillation. — [5] Ohne UdSSR. — [6] Mit UdSSR, ohne übrige Ostblockstaaten und Ostdeutschland. — [7] Ohne UdSSR, Ostblockstaaten und Ostdeutschland. — [8] Mit Luxemburg. — [9] 1951/52. — [10] 1949/51. — [11] Vorläufig. — [12] Forstwirtschaftsjahr. — [13] 1950/51. — [14] 1948/51. — [15] Geschätzt. — [16] Planmäßig 1950. — [17] Mit 600 000 fm veranschlagt. — [18] 1936 900 bis 1000 fm. —

Quelle: FAO, Statistisches Jahrbuch der Forsterzeugnisse 1951 und 1952.
Bemerkung: Diese Zahlentafel ist nur als ungefähre Übersicht zu werten, weil die Statistiken der FAO vorerst noch mannigfaltige Mängel und Ungenauigkeiten enthalten.

Nur etwa 8 % der Wälder werden in der Welt nachhaltig bewirtschaftet. Sogar in den Vereinigten Staaten und in Kanada beschränkt man sich in der Regel auf die Verhütung und Bekämpfung von Waldbränden.

2. der Anteil unzugänglicher Forstgebiete das Ausmaß der Forstnutzung in erheblichem Maße bestimmt (außereuropäische Länder, Norwegen).

Erst 33 % der Wälder sind in der Welt für die Nutzung erschlossen. Eine wichtige Rolle für das Ausmaß der Nutzung spielen dabei schiffbare oder flößbare Wasserwege.

Der unterschiedlich hohe Anteil des Brennholzes am Holzkonsum je Einwohner ist durch das Klima, die Lebensgewohnheiten und das Vorhandensein sonstiger Wärme- und Energiequellen bedingt.

II. Die regionale Verteilung der Weltholzvorräte und ihre Nutzung

Es gibt zwei große Holzüberschußgebiete in der Welt:

1. Die Zone des nördlichen Nadelwaldes, die sich von Sibirien über Nord- und Mittelrußland sowie Skandinavien bis nach Kanada und in den Norden der USA erstreckt.

2. Den Gürtel des tropischen Regenwaldes, bestehend aus den Wäldern des südostasiatischen Inselgebietes, dem Kongowaldgebiet und den Wäldern am Amazonas.

Nur der nördliche Nadelwald wurde bisher weitgehend genutzt und ist auch heute noch praktisch die weitaus wichtigste Quelle der Weltholzversorgung. Diese weitgehende Einstellung der Welt auf die Verwendung von Nadelholz beruht darauf, daß gerade in den Gegenden, wo die Industrialisierung ihren Anfang nahm und die den höchsten Stand der Zivilisation erreichten, das vielseitig verwendbare Nadelholz besonders häufig vorkommt. Das schnellere Wachstum des Nadelholzes im Vergleich zu den meisten Laubhölzern begünstigte außerdem seinen planmäßigen Anbau.

Hieraus ergab sich das Problem der sehr großen Nachfrage nach Nadelholz bei fortschreitender Exploitierung der Vorräte und riesiger Laubholzreserven in den Tropen, für die entweder kein Bedarf besteht oder eine Nachfrage erst geweckt werden muß. Infolge der technischen Umstellungsschwierigkeiten ist dies ein Prozeß, der geraume Zeit beansprucht, bis ein Gleichgewicht hergestellt ist.

Die Gründe für diese Bevorzugung des nördlichen Nadelwaldes liegen demnach:

in der Tatsache, daß die dicht bevölkerten und hoch industrialisierten Teile der Welt sich vorwiegend in der gemäßigten Zone der nördlichen Erdhalbkugel befinden,

in den Schwierigkeiten, die mit der intensiven Nutzung tropischer Wälder verbunden sind,

Der Rohholzeinschlag der Welt 1951
in 1000 fm

Gebiet	Nutzholz				Brennholz[1]	Rohholz	Anteil am Gesamteinschlag in vH
	Säge- und Furnierrundholz	Faser- und Grubenholz	Sonstiges Industrieholz	Insgesamt			
Insgesamt[2]	635 800	179 100	79 800	884 700	575 900	1 460 600	
Anteil der Sortimente in vH	44	12	5	61	39	.	100
davon:							
Europa	89 000	53 100	11 800	153 900	103 400	257 300	18
UdSSR[3]	300 000	20 000	35 000	355 000[4]	245 000	600 000	41[5]
Nord- und Zentralamerika	194 400	95 600	19 100	309 100	95 900	405 000	28
Südamerika	8 800	600	200	9 600	10 500	21 100	1
Afrika	4 200	1 200	1 600	7 000	59 300	66 300	5
Asien	29 900	8 000	1 900	39 800	52 400	92 200	6
Pazifik	9 500	600	200	10 300	9 400	19 700	1

[1] Einschließlich Holz für Verkohlung. — [2] Einschließlich Einschlag der UdSSR aus dem Jahre 1950. — [3] 1950. — [4] Anderen Quellen zufolge 280 000. — [5] Anderen Quellen zufolge 53 v. H.

Quelle: FAO, Jahrbuch der Forsterzeugnisse 1952.

II. Die Verteilung der Weltholzvorräte und ihre Nutzung

in der Kostspieligkeit und dem Risiko des Wirtschaftens mit Holz auf weite Entfernungen.

Die Versorgung der nördlichen Hälfte der Erde mit dem notwendigen Holz machte in den letzten Jahren (insbesondere in Westeuropa) besondere Schwierigkeiten, weil neben der zwar langsam, aber stetig zunehmenden Erschöpfung des nördlichen Nadelwaldgürtels und dem steigenden Konsum die Holzexporte der UdSSR seit der Zeit zwischen den Weltkriegen erheblich zurückgegangen sind.

Eine intensivere Nutzung des tropischen Waldgürtels wurde bisher verhindert durch:

a) den Artenreichtum des tropischen Waldes, der geschlossene Bestände einer Holzart praktisch nicht kennt. Dadurch treten brauchbare Holzarten nur vereinzelt und auf weite Räume verteilt[1] auf;

b) die geringe Bevölkerungsdichte der Tropen, welche die Beschaffung der notwendigen Arbeitskräfte für die Durchführung der relativ arbeitsintensiven Holzbringung sehr erschwert;

c) die Unzugänglichkeit der tropischen Wälder, die den Holztransport außerordentlich behindert.

Die OEEC hat angesichts der erschwerten Holzversorgung Westeuropas die Möglichkeiten der erhöhten Nutzung tropischer Wälder untersucht. Sie kam dabei zu folgenden Ergebnissen:

Eine wesentliche Verstärkung der Nutzung von Holzarten, die in der Welt bereits eingeführt sind (wie z. B. Okoumé, Limba usw.), ist ohne forstgerechte Behandlung der Bestände (Aufforstung, nachhaltige Nutzung) unmöglich, weil sie bereits maximal in Anspruch genommen werden. Das gleiche gilt für die vorhandenen subtropischen *Nadelhölzer*. Sonstige Möglichkeiten verstärkter Nutzung tropischer Wälder sind nur unter folgenden Voraussetzungen vorhanden:

a) Bisher wenig genutzte Arten müssen verstärkt zum Konsum herangezogen werden.

b) Für bisher nicht oder wenig genutzte Holzarten müssen Verwendungsmöglichkeiten entwickelt werden. In der Hauptsache würde es sich dabei um eine Vielzahl von Laubholzarten handeln.

Die Voraussetzungen für eine intensivere Nutzung tropischer Wälder sind dabei:

1. Erforschung der Eigenschaften bisher nicht oder wenig bekannter Holzarten;

2. Aufklärung der Verbraucherkreise über Art, Qualität und Menge des Angebots;

---

[1] Die Wälder der Elfenbeinküste beherbergen z. B. 500 Holzarten; nur 20 davon konnten bisher auf den Weltmärkten in nennenswertem Umfang gehandelt werden.

3. Standardisierung der Abmessungen und Qualitätsansprüche für Holz;

4. Entwicklung der Verkehrswege, der Lademöglichkeiten und -vorrichtungen;

5. Mechanisierung der Arbeit, um Arbeitskräfte zu sparen und damit die geringe Bevölkerungsdichte tropischer Gebiete auszugleichen;

6. Ausbildung der eingeborenen Arbeiter, um den Mangel an qualifizierten Kräften zu beheben;

7. Ausbau der örtlichen holzbearbeitenden Industrien, um den kostspieligen Export von *Rohholz* zu beschränken;

8. Ausbau der Reparatur- und Ersatzmöglichkeiten für die technische Ausrüstung;

9. Ausbau des Holzschutzes gegen Schädlinge; seine Anwendung sofort nach dem Einschlag bzw. Einschnitt;

10. Schaffung von Möglichkeiten für die künstliche Holztrocknung;

11. Entsprechende handels- und steuerpolitische Maßnahmen, wie Herabsetzung der Zölle und Frachtraten, Liberalisierung des Handels mit tropischen Hölzern u. ä. m.;

12. Wegen der Vielzahl der Holzarten, die ein tropischer Wald enthält, sind die Aussichten auf Rentabilität für ein Unternehmen, das sich auf die verschiedenen Möglichkeiten der Nutzung vorkommender Hölzer (z. B. als Faserholz, Sägerundholz, Furnierholz, Schwellen, Masten, Pfähle usw.) einstellt, weit größer als für Unternehmungen mit einseitigem Tätigkeitsprogramm;

13. Für die Nutzung tropischer Wälder als Faserholzquelle besteht das Problem weniger in der Auswahl der Holzarten, die sich für die zur Zeit vorhandenen Zellstoffgewinnungsverfahren besonders eignen, sondern mehr in der Entwicklung von Zellstoff- und Holzschlifferzeugungsmethoden, die auf eine maximale Anzahl verschiedener Holzarten in gleicher Weise anwendbar sind.

Zum Problem der verstärkten Nutzung tropischer Wälder wäre ferner zu bemerken, daß sie häufig wegen der nomadisierend betriebenen Form der Landwirtschaft durch die eingeborene Bevölkerung bereits erheblich beansprucht sind. Nach Niederbrennung bzw. Beseitigung des Urwaldes wird das Land im Laufe weniger Jahre extensiv bis zur Erschöpfung der Ackerkrume genutzt und dann im Stich gelassen. Der Wald, der dann nachwächst, ist in der Regel für industrielle Nutzung fast wertlos.

Seit 1949 hat die Verarbeitung tropischer Hölzer zugenommen, hauptsächlich durch Rückgriff auf bisher nicht oder wenig genutzte Holzarten. Ebenso ist ein bedeutender Ausbau der holzbearbeitenden Branchen in Südamerika (Brasilien) und Afrika erfolgt.

Während z. B. der Rundholzexport der Goldküste noch 1948 zu 62 % aus Mahagoni und zu 38 % aus anderen Holzarten bestand, betrug der Anteil des Mahagoniholzes bereits 1949 nur noch 32 % des Holzexportes, während 68 % von sonstigen Holzarten gestellt wurden. Nigeria exportierte

Importe einiger europäischer Länder an tropischem Holz
in 1000 fm Rundholz

Land	Periode 1930—38[1] Durchschnitt	1949	1950	Zukunftsschätzungen
Österreich	3,5	0,8	0,8	1,3
Belgien	71,0	61,0	73,0	73,0
Niederlande	38,0	90,0	90,0	120,0
Dänemark	10,0	12,8	12,4	15,0
Frankreich	325,0	263,0	290,0	575,0
Italien	40,0	7,0	10,0	40,0
Irland	2,0	1,7	2,3	2,3
Norwegen	12,5	5,0	6,0	6,0
Schweden	11,5	16,0	20,0	20,0
Schweiz	30,5	25,0	43,0	43,0
Triest	2,0	0,7	2,8	2,8
England	170,0	565,0	765,0	765,0
Westdeutschland	500,0	68,0	222,0	300,0
Insgesamt	1 216,0	1 116,0	1 537,3	1 963,4

[1] Zum Teil geschätzt.

Quelle: OEEC Timber Committee, Dez. 1952.

in der Zeit von 1945 bis 1946 82 % seiner Rundholzausfuhr in nur 6 Holzarten, 93 % setzten sich aus 12 Holzarten zusammen. Schon 1948 bis 1949 stellten die erwähnten 6 Holzarten dagegen nur noch 58 % des Exports, 91 % bestanden schon aus 20 verschiedenen Holzarten.

Eine Rundfrage des OEEC-Komitees für Holz bei den OEEC-Mitgliedsstaaten ergab gleichfalls, daß inzwischen mit der Lösung praktisch sämtlicher Teilprobleme, die im Zusammenhang mit der Verstärkung der Nutzung tropischer Wälder in der Welt stehen, begonnen wurde. Die besten Erfolge wurden dabei erzielt:

1. bei der Ausweitung des Konsums auf bisher wenig oder überhaupt nicht genutzte Holzarten;

2. im Ausbau bodenständiger holzbearbeitender Industrien, vor allem im tropischen und subtropischen Afrika.

So erzeugten in Gabun 49 Sägewerke im Jahre 1950 75 600 cbm Schnittholz, wovon 10 400 cbm exportiert wurden. Außerdem stellte Gabun 1950 schon 13 300 cbm Furniere und Sperrholz her, wobei der Exportanteil 8000 cbm ausmachte.

Man glaubt, daß die Möglichkeiten der gesteigerten Nutzung tropischer Hölzer — insbesondere der billigeren Sorten — vor allem im Möbelbau, in der Bauwirtschaft (Fenster, Türen usw.) und im Fahrzeugbau liegen.

Der Einfluß des Holzpreises auf den Verkaufspreis von Holzfertigwaren bei der Verarbeitung europäischer bzw. tropischer Hölzer
(Stand Frühjahr 1952 in England)
Skandinavisches Weichholz = 100[1]

Holzart	Einkaufspreis des Holzes	Verkaufspreis von Hobeldielen	Einzelhandelspreis für eine Kommode [2]
Skandinav. Weichholz ..	100	100	100
Jugoslawische Buche ...	196	.	112
Europäische Buche	145	105	.
Obeche	146	.	105
Sapale / afrikanisches Mahagoni	140	107	.
Agba	177	.	109
Abura[3]	173	.	110
Afrikanische Olive	160	126	.

[1] In Beziehung zueinander gesetzt sind die vergleichbaren, für den jeweiligen Verwendungszweck üblichen Sorten. — [2] In Utility-Ausführung; aus der jeweiligen Holzart bestehen die Tischlerplatten-Mittellagen, Schubkastenböden und Rückwände. — [3] Abura muß mit Hartmetall-Werkzeugen bearbeitet werden.

Quelle: OEEC, Timber Committee. Production and Consumption of Tropical Timber. Paris, Dez. 1952 BO (52) 8; OT (52) 4.

III. Die Arten des Holzverbrauchs in der Be- und Verarbeitung

Das Holz wird in der Welt im wesentlichen als Brennmaterial, Baumaterial und Rohstoff zur Herstellung von Holzfertigwaren, Papier und Pappe, Kunstfasern, Kunststoffen und Chemikalien gebraucht.

Die erfolgt in der *ersten* Bearbeitungsstufe dadurch, daß aus dem Rohholz Brennholz, Sägerundholz, Furnierrundholz, Grubenholz, Faserholz sowie Masten und Pfähle ausgehalten werden.

Während Brennholz, Grubenholz, Masten und Pfähle[1] im wesentlichen direkt aus der ersten Bearbeitungsstufe zum Verbraucher kommen, erfolgt bei den übrigen Rohholzsortimenten in der *zweiten* Bearbeitungsstufe die Umwandlung in die Holzhalbwaren:

Schnittholz (einschließlich Schwellen)
Furnier
Sperrholz (Furnier- und Tischlerplatten)
Holzfaserplatten
Holzspanplatten
Leichtbauplatten

---

[1] Bei Masten und Pfählen gehört in der Regel auch noch die Imprägnierung zu dieser Bearbeitungsstufe.

III. Arten des Holzverbrauchs in der Be- und Verarbeitung

Holzschliff, Halbzellstoff und Zellstoff sowie Edel- und Kunstfaserzellstoff.

In der *dritten* Bearbeitungsstufe erfolgt die Umwandlung der verschiedenen Holzhalbwaren in Fertigerzeugnisse, wie Möbel, Bauteile, Geräte aller Art, Papier und Pappe usw. Innerhalb des Sektors der Holzfertigwaren befaßt sich damit das *holzverarbeitende* Gewerbe.

Der europäische[1] Nutzholzverbrauch 1950
(umgerechnet auf Rundholzeinheiten)

Verwendungsgebiet	Mill. fm	Anteil in %
Bau	66,5	40,8
Bergbau	17,0	10,4
Transport und Verkehr	11,1	6,8
davon: Schwellen	5,3	3,3
Fahrzeugbau	2,5	1,5
Schiffsbau	1,5	0,9
Masten	1,8	1,1
Holzverarbeitung ohne Verpackungsmittel aus Holz	21,5	13,2
darunter: Möbel	7,8	4,8
Verpackung	25,5	15,6
darunter Verpackungsmittel aus Holz	13,7	8,4
Druck	14,6	8,9
darunter Zeitungsdruck	6,4	3,9
Textilien	4,5	2,8
Sonstige Zellstofferzeugnisse	2,4	1,5
Gesamtverbrauch	163,1	100,0

[1] Ohne UdSSR und die Ostblockstaaten.

Quelle: FAO, European Timber Trends and Prospects, Genf 1953.

Rund die Hälfte des Rohholzes wird als Säge- und Furnierrundholz, als Faserholz und als Grubenholz industriell genutzt, wobei, wie erwähnt, das Nadelholz mit etwa vier Fünfteln in diesem Bereich die weitaus größte Rolle spielt.

Die nachstehende Tabelle zeigt die Verteilung der Holzhalbwarenproduktion auf die Erdteile und wichtigsten Länder der Welt. Da über die Produktion der UdSSR und der übrigen Ostblockstaaten meist keine oder nur lückenhafte Zahlenangaben veröffentlicht werden, ist eine Einbeziehung dieses Teiles der Welt in statistische Übersichten vielfach nicht oder nur beschränkt möglich.

Die Weltproduktion an Schnittholz (einschl. der Ostblockstaaten) wird von der FAO der UNO für 1949 auf 220 Mill. cbm und für 1950 auf 225 Mill. cbm geschätzt. Die aus dieser Schätzung und der von der FAO z. B. im Jahre 1950 erfaßten Schnittholzerzeugung sich ergebende Differenz von 65 bis 70 Mill. cbm Schnittholz dürfte — am Rundholzaufkommen der UdSSR gemessen — etwa zur Hälfte die Sowjetunion betreffen. Während Osteuropa noch vor 20 Jahren vorwiegend ein Agrargebiet war und etwa 10 % des westeuropäischen Holzimportbedarfes befriedigte, entwickelt es sich jetzt mehr und mehr zu einem Industriegebiet, dessen Holzbedarf erheblich gestiegen ist, so daß es schon dadurch nicht mehr die alte Bedeutung als Holzüberschußgebiet hat. Daneben wirken sich in der gleichen Richtung natürlich auch die bei erhöhter Nutzung zurückgehenden Holzvorräte der osteuropäischen Forsten aus und die wachsenden Bringungsschwierigkeiten infolge der Übernutzung der leichter erreichbaren Waldgebiete.

Der Holzverbrauch in der Welt ist, gegliedert nach Holzhalbwarenarten, sehr unterschiedlich. So liegt der höchste Verbrauch an Sperrholz in den USA, in Kanada und in Australien, d. h. in Ländern mit besonders hohem Lebensstandard und den höchsten Industriearbeiterlöhnen. Das gleiche gilt bei Faserplatten für Skandinavien, USA und Kanada. Im Schnittholzverbrauch stehen Kanada, USA, Norwegen, Schweden und Australien an der Spitze. Der Holzhalbwarenkonsum ist um so geringer, je waldärmer oder unentwickelter das betreffende Gebiet ist (Afrika, Jugoslawien, Italien) und um so höher, je entwickel-

Erzeugung von Rohholz in der Welt[1] nach Sortimenten
1950

Sortiment	Nadelholz	Laubholz	Insgesamt[2]	Anteil der Sortimente in vH
	1 000 fm			
Brennholz	67 700	267 500	369 900	42
Holz für Verkohlung und Destillation	800	28 000	29 300	3
Holz für Gerbzwecke ...	—	1 600	1 600	0
Masten und Pfähle	6 300	5 600	11 900	1
Säge- u. Furnierrundholz (einschl. behauenes Holz)	233 200	80 000	325 000	37
Faserholz	95 000	9 600	107 100	12
Grubenholz	9 400	4 000	15 200	2
Sonstiges	13 900	10 300	27 200	3
Insgesamt	426 300	406 600	887 200	100

[1] Ohne UdSSR, Ostdeutschland, Polen und Portugal. — [2] Da manche Länder die Rohholzgewinnung nicht nach Nadel- und Laubholz getrennt angeben, entspricht diese Spalte nur ungefähr der Summe der Spalten für Nadelholz und Laubholz.

Quelle: FAO, Statistisches Jahrbuch der Forsterzeugnisse 1951.
Bemerkung: Nach ECE/FAO erzeugte die UdSSR im Jahre 1950 320 Mill. fm Nutzholz und 280 Mill. fm Brennholz.

III. Arten des Holzverbrauchs in der Be- und Verarbeitung

Die Holzhalbwarenerzeugung[1] 1951 in der Welt
in 1000 fm bzw. cbm

Erdteil bzw. Land	Faserholz[2,3]	Grubenholz[2,3]	Masten und Pfähle[2,3]	Schnittholz[4]	Sperrholz	Holzfaserplatten	Zellstoff und Zellstofferzeugnisse[5]
Insgesamt	131 000	18 500	11 600	173 400	5 530	2 250	33 740
davon:							
Europa	39 000	11 400	1 500	40 030	1 360	840	9 410
darunter:							
Belgien	350	1 050	20	620[6]	12	32	93
Finnland	8 300	—	—	4 990	314	117	2 192
Frankreich	1 432	2 570	52	5 200	144	49	550
Westdeutschl.	3 756	3 014	.[7]	8 837	480[11]	106	945
Italien	675	148	543	1 883	140	38	313
Niederlande	315	230	.	329	30	—	.
Norwegen	4 000	60	220	1 532	12[8]	81	1 083
Österreich	1 880	223	68	3 333[6]	20	25	378
Schweden	14 700	40	300	6 219	45	329	3 364
Schweiz	665	—	.[7]	940	20	13	167
Tschechoslowakei[10]	1 760	680	.	.	.	.	.
England	460	2 834	45	1 727	39	37	144
Jugoslawien	546	499	134	2 193	22	4	52
Nord- u. Zentralamerika	89 100	3 600	8 500	105 720	3 730	1 340	23 110
darunter:							
Kanada	29 473	310	564	17 902	341	184	8 152
USA	59 643	3 285	7 901	86 726[9]	3 390[8]	1 152	14 964
Südamerika	100	400	600	5 100	90	—	20
darunter:							
Brasilien	.	.	.	4 227	67	—	.
Afrika	0	200	300	1 830	10	0	30
Asien	4 300	3 400	400	16 300	260	20	740
darunter:							
Japan	4 260	3 375	358	12 594	233	15	719
Pazifik	400	250	300	4 420	80	50	150
darunter:							
Australien	366	236	118	3 053	68	36	131

[1] Ohne UdSSR und die Ostblockstaaten. — [2] Eigenaufkommen und Importe. — [3] Summe auf volle 100 000 fm abgerundet, angegeben ist Nutzung einschl. Import. — [4] Einschließlich Schwellen und Kistenbretter. — [5] Umgerechnet auf Zellstoff in 1000 t. — [6] Ohne Produktion kleiner Sägewerke. — [7] In der Schnittholzmenge enthalten. — [8] Zum Teil geschätzt. — [9] Ohne Kistenbretter. — [10] Mittlere Planzahl 1949/53. — [11] Einschließlich Türenplatten.

Quelle: FAO, Stat. Jahrbuch der Forsterzeugnisse 1951 und 1952.

Der Rohholzverbrauch[1] der Welt 1951
in 1000 fm

Bereich	Nutzholz					Brennholz			Rohholz	Anteil am Gesamtverbrauch in vH
	Säge- u. Furnierrundholz	Grubenholz	Faserholz	Masten und Pfähle	Sonstiges[2]	Insgesamt	für Brennzwecke[3]	für Verkohlung	Insgesamt	Insgesamt
Insgesamt	303 400	18 500	131 000	11 600	22 000	486 500	224 600	25 800	250 400	736 900
Anteil am Gesamtverbrauch in vH.	41	3	18	2	3	67	30	3	33	100
davon:										
Europa[4]	69 900	10 700	37 200	1 500	6 600	125 600	84 000	5 900	89 900	215 500	29
UdSSR	.	.	.	.	.	.	.	.	.	.	.
Nord- und Zentralamerika[5]	195 000	3 600	89 100	8 500	11 700	307 900	82 900	900	83 800	391 700	53
Südamerika[6]	3 700	400	100	600	400	5 200	7 700	1 700	9 400	14 600	2
Afrika[7]	1 700	200	0	300	700	2 900	25 500	700	26 200	29 100	4
Asien[8]	24 200	3 400	4 200	400	2 300	34 500	16 000	16 600	32 600	67 100	9
Pazifik	9 200	200	400	300	300	10 400	8 500	0	8 500	18 900	3

[1] Ohne UdSSR. — [2] Davon außerhalb der gewerblichen Wirtschaft 42 vH. — [3] Davon außerhalb der gewerblichen Wirtschaft 32 vH. — [4] Ohne Ostblock-Staaten, Irland und Spanien. — [5] Nur USA, Kanada, Trinidad, Tobago und Jamaika. — [6] Nur Britisch-Guayana, Chile, Kolumbien. — [7] Nur Algier, Belgisch-Kongo, Nord- und Südrhodesien, Sierra Leone, Tanganyika, Tripolis, Tunesien, Uganda, Sansibar. — [8] Ohne China, Indien und Nordkorea.

Quelle: FAO, Jahrbuch der Forsterzeugnisse 1952.

III. Arten des Holzverbrauchs in der Be- und Verarbeitung

Die Struktur des Weltholzkonsums
Holzhalbwarenverbrauch in cbm je 1000 Einwohner
(Durchschnitt 1947—1951)

Erdteil bzw. Land	Schnittholz	Sperrholz	Zellstoff und Zellstofferzeugnisse (umgerechnet auf Zellstoff)[1]	Brennholz[2]	Holzfaserplatten[3]
Insgesamt[4,5]	140	3,3	22	260	.
davon:					
Europa[4,5]	130	3,4	20	280	.
darunter:					
Österreich	100	1,9	21	310	2,4
Belgien	130	4,4	32	50	3,8
Finnland	300	6,7	70	2 190[6]	12,3
Frankreich	110	2,1	22[7]	230	1,3
Westdeutschland	150	5,0	23[7]	220	1,7
Italien	50	1,9	9	190	0,8
Niederlande	180	5,4	20	20	2,2
Norwegen	490	5,3	66	680	17,8
Schweden	380	3,6	77	1 360[8]	21,0
Schweiz	250	3,4	37	410	2,8
Großbritannien	150	5,0	33	10	3,3
Jugoslawien	110[6]	1,1[6]	4[7]	1 030	0,3
Polen[9]	90	1,0	.	130	.
Tschechoslowakei[9]	210	5,0	11	270	.
Nord- und Zentralamerika[5]	540	16,1	110	470	.
darunter:					
Kanada	700	17,1	79	1 640	12,6
USA	570	16,1	123	360	7,9
Südamerika[5]	50	1,0	5	1 180	.[10]
Afrika[5]	20	0,6	2	370	.[11]
Asien[5]	40	0,4	2	70	.[12]
Pazifik[5]	360	8,5	46	900	.
darunter:					
Australien	400	8,8	46	1 040	7,6

[1] Einschließlich Holzschliff in Tonnen je 1000 Einwohner. — [2] In fm je 1000 Einwohner. — [3] In t je 1000 Einwohner. — [4] Ohne UdSSR, Ostdeutschland und übrige Ostblockstaaten. — [5] Die Zahlen der Erdteile repräsentieren nur die Durchschnitte der der FAO meldenden Länder. [6] 1949/51. — [7] 1950/51. — [8] 1948/51. — [9] Durchschnitt von 2 Jahren. — [10] Argentinien 0,2. — [11] Südrhodesien 3,5; Südafrikanische Union 1,0. — [12] Israel 3,8; Japan 0,2.

Quelle: FAO, Jahrbuch der Forsterzeugnisse 1951 und 1952.

ter oder waldreicher es ist (Finnland, Norwegen, Schweden, Nordamerika).

Diese strukturellen Unterschiede im Holzverbrauch kann man im wesentlichen auf folgende Ursachen zurückführen:

1. Die Gewohnheit führt in holzreichen Gegenden zu erhöhtem Holzverbrauch;

2. Das Ausmaß der Industrialisierung ist bestimmend für den Holzbedarf;

3. Hoher Lebensstandard und weite Transportwege fördern den Konsum der höher veredelten Holzhalbwaren;

4. Eine hoch entwickelte Holzindustrie fördert durch die damit verbundene Entstehung von Holzabfällen die Produktion, das Angebot und den Konsum von Werkstoffen auf Holzbasis, insbesondere wenn dies mit hohem Lohnniveau oder mit strukturellem Holzmangel zusammentrifft (siehe „Ausbeute und Mechanisierung" Seite 48).

Daraus erklärt sich auch der hohe Verbrauch von Sperrholz und zum Teil Holzfaserplatten in den USA[2] (Punkt 2 und 3), in Australien oder Kanada (Punkt 3) und Skandinavien (Punkt 1, 3 und 4).

1. Holz als Brennstoff

Die Verwendung des Holzes als Brennstoff erfolgt in der Welt hauptsächlich auf zwei verschiedene Arten:

1. *Primär* auf dem Wege der Aushaltung von Brennholz schon beim Einschlag des Rohholzes in Gestalt von Holzscheiten, die auf bestimmte Längen zugeschnitten und dann geschichtet werden. Stockholz und Reisig gehören ebenfalls in diese Verwendungskategorie.

2. *Sekundär* als Verwertung des Holzabfalls, der in Gestalt von Abschnitten, Säumlingen, Schwarten, Spänen und Rinde bei der Be- und Verarbeitung von Rohholz und Holzhalbwaren entsteht, und zwar entweder durch direkte Verbrennung oder auf dem Umwege über die Vergasung und Verkohlung dieser Abfälle[1].

Während in privaten Haushaltungen das primär beim Einschlag ausgehaltene Brennholz im allgemeinen überwiegt, wird das sekundär anfallende Brennholz vorwiegend innerhalb der gewerblichen Wirtschaft verbraucht, und zwar vornehmlich im gleichen Gewerbebetrieb, wo auch der Abfall entsteht.

Der Heizwert des Brennholzes hängt von der Holzart und seinem Trockenheitsgrad ab. Im allgemeinen ist er im Vergleich zu Kohle und sonstigen festen, flüssigen oder gasförmigen Brennstoffen gering, so

---

[2] So z. B. ist es bezeichnend, daß in den USA in letzter Zeit sogar Eisenbahnwaggons aus Sperrholz gebaut werden.

[1] Die Brikettierung von Spänen und sonstigem kleinstückigem Holzabfall gehört zu dieser Verwendungsart.

III. Arten des Holzverbrauchs in der Be- und Verarbeitung

daß vom wärmetechnischen Standpunkt aus gesehen das Verbrennen von Holz zum Zwecke der Energie- und Wärmegewinnung unrationell erscheint.

Heizwert verschiedener Brennstoffe

Brennstoff	Heizwert in kcal/kg
Steinkohle	7 000 — 8 000
Torf (lufttrocken)	3 500
Holz (lufttrocken)	2 800 — 3 600
Öl, Benzin	10 000
Stadtgas	6 000

Quelle: Taschenbuch für den Holzfachmann. Krögers Verlagsanstalt GmbH., Hamburg. 1950.

In Untersuchungen der Holzmangelerscheinungen in der Welt wird häufig auf die enormen Einsparungsmöglichkeiten hingewiesen, die in der Verminderung des Brennholzkonsums liegen. Dies ist jedoch bei näherer Betrachtung aus folgenden Gründen nur zum Teil berechtigt:

1. Nicht alles im Brennholz enthaltene Holz läßt sich (vorläufig wenigstens) für andere als Verbrennungszwecke verwenden (z. B. als Nutzholz).

2. Auf Brennholz als Energie- und Wärmequelle angewiesene oder eingestellte Verbraucher können sich, selbst dort, wo diese Möglichkeit an sich vorhanden wäre, nicht ohne weiteres auf andere Brennstoffe umstellen — teils aus technischen (Konstruktion der Öfen, Roste, Schornsteine usw.), teils aus psychologischen Gründen (Gewohnheit).

3. Der Verwendung von Holz und Holzabfällen, die heute ins Brennholz wandern, für andere „nützlichere" Zwecke steht oft entgegen, daß diese Holzmengen in der Regel in jeweils relativ geringen Mengen weit verstreut anfallen, was den Transport an den Verwendungsort sehr erschwert, um so mehr als sich gezeigt hat, daß Anlagen z. B. zur Herstellung von Werkstoffen aus Holzabfällen nur von einer erheblichen Kapazität an (also bei großem Mengenbedarf an Abfällen) rentabel sind. Der Transport von Holzabfällen wird durch ihre Sperrigkeit und ihren hohen Transportraumbedarf zusätzlich verteuert.

Im übrigen ist die Frage, ob eine bestimmte Holzmenge ins Brennholz wandert oder nicht, meist auch eine Kosten- und Preisfrage bzw. eine Frage der Relation der Preise, die für dieses Holz als Brennholz bzw. als Nutzholz zu erzielen sind. Im allgemeinen ist auf lange Sicht anzunehmen, daß sich der Anteil des in der Welt verbrannten Holzes stetig, wenn auch nur langsam, vermindern wird[3], die Verwendung des Holzes als Energie- und Wärmequelle aber wohl kaum jemals völlig verschwinden dürfte, hauptsächlich deshalb, weil in weiten Gebieten der Welt auf absehbare Zeit keine andere Möglichkeit der Wärmegewinnung vorhanden ist.

2. Die Holzzerfaserung

Die Tatsache, daß Holz in steigendem Maße seit der zweiten Hälfte des 19. Jahrhunderts den Rohstoff für die Gewinnung von Fasermaterial als Halbstoff für die Herstellung von Papier, Pappe, Folien und Kunstfasern bildet, ist nicht nur wegen ihrer technischen, sondern auch wegen ihrer volkswirtschaftlichen und betriebswirtschaftlichen Auswirkungen sehr wesentlich.

Als Faserholz verwendet man im allgemeinen Stämme von nicht mehr als 30 cm Durchmesser — also verhältnismäßig junges Holz — oder Wipfelstücke älterer Bäume. Nach dem Einschlag wird das Holz entrindet, auf 1—2 m lange Stücke abgelängt und gelangt so in die Bearbeitungsbetriebe.

Der Zweck der Verfahren zur Herstellung der Papierhalbstoffe ist es, die einzelnen Fasern des Holzes aus ihrem Verband zu reißen und den Hauptbestandteil der Faserwände — die Zellulose — unter Erhaltung der Faserform von den sie begleitenden Stoffen, wie Lignin und Hemizellulosen, möglichst zu befreien. Die reine Zellulosefaser ist durch ihre Weiße und Geschmeidigkeit besonders wertvoll für die Papierherstellung. Der Ligningehalt der Faser bedingt die bräunliche Tönung und die Härte des Papieres.

Die Zerfaserung des Holzes wird auf zwei Wegen erreicht: durch einen mechanischen Prozeß, der zum Holzschliff, und einen chemischen Prozeß, der zum Zellstoff führt.

Die mechanischen Verfahren beruhen auf dem Prinzip, Holz unter reichlicher Wasserzugabe gegen einen rotierenden Schleifstein zu pressen, der aus dem Holz Faserbündel, Einzelfasern und Faserbruchstücke reißt. Zu dem Weißschliffverfahren — so genannt, weil das Holz vor dem Schleifen weißgeschält wird — verwendet man harzarme Hölzer, vor allem Fichte, in geringerem Maße auch Espe und Pappel. Das harzreiche Kiefernholz kann im Braunschliffverfahren verarbeitet werden, bei dem das gereppelte[4] Holz sofort seiner Verwendung zu-

---

[3] In Europa fiel — hauptsächlich wegen des stetig steigenden Holzpreises — der Brennholzanteil an der Rundholzerzeugung in der Zeit von 1913 bis 1950 von 54 % auf 44 %. Rund die Hälfte der Einsparung wurde als Faserholz genutzt. In der UdSSR soll der Brennholzanteil am Einschlag von 65 % in den zwanziger Jahren auf 53 % im Jahre 1950 gefallen sein.

[4] Beim Reppeln wird im Gegensatz zum Weißschnitzen Bast und u. U. ein Teil der Rinde noch am Faserholz belassen.

III. Arten des Holzverbrauchs in der Be- und Verarbeitung

geführt wird, jedoch wird es vor dem Schleifen eine gewisse Zeit unter Druck gedämpft, um den Holzverband zu lockern. Man erhält so einen Holzschliff, der zwar hell- bis dunkelbraun gefärbt ist, jedoch weichere und geschmeidigere Fasern besitzt.

Durch die chemischen Verfahren wird unter Zusatz von Chemikalien das wasserunlösliche Lignin in lösliche Verbindungen überführt und aus der Faser gelöst. Je nach Dauer und Intensität des Aufschlusses gewinnt man harte oder weiche Zellstoffe, wobei die Einzelfasern der ersteren mehr Lignin enthalten als die der letzteren. Harte Zellstoffe besitzen bessere Festigkeitseigenschaften als weiche, weil bei steigender Inkrustenentfernung auch der Zelluloseanteil angegriffen wird.

Für das sogenannte Sulfitverfahren wird als Aufschlußmittel eine Kochsäure verwendet, die sich aus Calziumbisulfit und schwefeliger Säure zusammensetzt. Das geschälte Holz wird zu Hackschnitzeln zerkleinert und mit Kochsäure gemischt den Kochern zugeführt. Durch dieses Verfahren können praktisch alle Holzarten aufgeschlossen werden außer Kiefernholz (sehr junges, also harzarmes Kiefernholz wird jedoch verwendet).

Für harzreiches Holz ist das Sulfatverfahren geeigneter, weil es mit einer basisch reagierenden Kochlauge arbeitet und die Harze verseift. Bei diesem alkalischen Verfahren unterscheidet man zwei Arten. Das ältere Natronverfahren verwendet eine Lauge, bestehend aus Ätznatron und Soda. Im neueren Sulfatverfahren wird der gleichen Lauge noch Natriumsulfat hinzugefügt. Die Kochdauer und Laugenkonzentration richtet sich nach der gewünschten Beschaffenheit des Zellstoffes, der durch den alkalischen Aufschluß gegenüber dem Sulfitzellstoff bessere Festigkeitseigenschaften (Kraftzellstoff) aufweist, jedoch dunkler gefärbt ist.

Neben Holzschliff und Zellstoff kennt man noch den sogenannten Halbzellstoff, dessen Herstellung sich noch im Entwicklungsstadium befindet, aber vor allem in den USA zunehmend an Bedeutung gewinnt[5]. Man versucht hier, die Festigkeit und Zähigkeit des Zellstoffes mit der höheren Ausbeute des Holzschliffes zu vereinigen. Zu diesem Zwecke wird das Holz kurzfristig unter Druck mit einer Kochlauge behandelt und anschließend mechanisch zerfasert. Dieses Verfahren gestattet eine höhere Ausbeute und ist für die Verwendung von Laubfaserholz geeigneter als die älteren Methoden.

---

[5] 1925 1 Werk mit 10 t Tagesproduktion; 1936 6 Werke mit 355 t Tagesproduktion; 1945 10 Werke mit 925 t Tagestonnen; 1950 schon 19 Werke mit 2115 t Tagesleistung.

Die meistens angestrebte Weiße des Papieres macht es notwendig, die gelblich bis bräunlich getönten Holzschliff- und Zellstoffsorten zu bleichen. Dieser Vorgang ist im Grunde genommen nichts anderes als eine weitere Entfernung des Lignins, wobei allerdings auch oft die Faserfestigkeit leidet.

Gleichfalls auf der Entfernung noch vorhandener Begleitstoffe beruht die Veredlung von Zellstoffen, die bis zur Erreichung eines Zellstoffes von bester Reinheit (bis zu 99 vH Alphazellulosegehalt) durchgeführt werden kann. Die so gewonnenen Edelzellstoffe werden der Kunstfaser- und Folienherstellung wie auch der Papierfabrikation zugeführt.

In der Ablauge der Zellstofferzeugung befinden sich erhebliche Mengen wertvoller Stoffe aus dem Holz. Das Problem, sie zu verwerten, konnte bis heute noch nicht zufriedenstellend gelöst werden. Bis auf die Spiritus- und Hefeherstellung sowie in geringem Maße zur Erzeugung von Gerbstoffzusatzmitteln, Vanillin, Klebstoff und Zellpech erwiesen sich die meisten Verwertungsmethoden als unwirtschaftlich.

Die Sulfatzellstoffabriken entwickelten wegen der wertvollen Natriumsalze in der Schwarzlauge Methoden, die Lauge einzudampfen, den Rückstand zu verbrennen und die bei dieser Verbrennung der organischen Substanzen gewonnene Wärme dem Fabrikationsprozeß wieder zuzuführen. Nach Hägglund sind moderne Sulfatwerke in ihrer Energie- und Wärmeversorgung autark. Auch die Sulfitzellstoffindustrie ist bestrebt, die organischen Teile des Laugenrückstandes als Brennstoff zu benutzen, doch tauchten hier größere Schwierigkeiten auf als in der Sulfatzellstoffindustrie, so daß deren Wärmeökonomie noch nicht erreicht werden konnte.

Die gewonnenen Halbstoffe Holzschliff und Zellstoff verarbeitet die Papierindustrie unter Zusatz von Leim und Füllstoffen (Kaolin) zu Papieren und Pappen. Aus Holzschliff werden Papiere geringerer Qualität erzeugt; man nennt sie „holzhaltig" im Gegensatz zu den „holzfreien" aus Zellstoff hergestellten Papieren. Wegen seiner längeren und festeren Faser werden aus Sulfatzellstoff vor allem die reißfesten sogenannten Kraftpapiere für den Verpackungsmittelsektor hergestellt. Halbzellstoff verleiht daraus erzeugten Papieren und Pappen eine besondere Steifigkeit; daher eignen sich Halbzellstoffpappen vor allem für Kartonagen.

Durch die Heranziehung des Holzes als Rohstofflieferant der Papierindustrie ergab sich für die Weltforstwirtschaft die Möglichkeit, sowohl ihre Umtriebszeit zu verkürzen, weil jüngere Bestände verwertbar wurden, als auch die weniger wertvollen Teile des im Forst anfallenden Holzes nutzbringend auszuwerten. Seitdem ist der Streit, ob der nachhaltig wirtschaftende Forstbetrieb sein Produktionsziel mehr auf die Erzeugung von Masse in Gestalt von Faserholz, Grubenholz und Rundholz der Bauholzqualität oder auf die Heranzüchtung von Werthölzern richten soll, nicht mehr verstummt.

III. Arten des Holzverbrauchs in der Be- und Verarbeitung

3. Die Problematik der Versorgung der Welt mit schwach dimensioniertem Industrierohholz

a) Gruben- und Faserholz im Wettbewerb

Zwei für die Industrie besonders wichtige Rohholzsortimente sind das *Grubenholz*[6] und das *Faserholz*. Bei diesen Sortimenten handelt es sich — wie z. B. aus den Bestimmungen der westdeutschen Holzmeßanweisung (Homa) hervorgeht — um Massensortimente schwächeren Durchmessers, die einerseits als Ergebnis von Durchforstungen im Rahmen der Waldpflege oder bei Kahlschlägen zwangsläufig anfallen. Es kommen aber auch zweckgebundene Einschläge von Gruben- und Faserholz vor, wobei Bestände entsprechend jüngeren Alters herangezogen werden[7].

Nach den westdeutschen Bestimmungen handelt es sich bei *Grubenholz* um eine besondere Gebrauchsklasse des Nutzholzes, die durch die Merkmale

gesund (auch stammtrocken oder angeblaut), trag-, beil- und nagelfest, auch geringästig, mit nicht mehr als 20 cm Mittendurchmesser (ohne Rinde gemessen)

gekennzeichnet wird. Dabei unterscheidet man *Grubenlangholz* als Stämme von 4 m Länge und mehr, die bis zur schwächsten im Grubenbetrieb noch brauchbaren Zopfstärke ausgehalten sind, und *Grubenkurzholz* (Stempel) als in Stempellänge[8] ausgehaltenes Grubenholz. Außerdem verwendet der Bergbau noch sogenannte Grubenschwarten zum Verzug in Blindschächten und Strecken und nicht unerhebliche Mengen an Schnittholz und Schwellen[9].

Bei *Faserholz* (Zellstoffholz) handelt es sich um Nutzholz, das in Längen von 1 bis 4 m geschichtet nach Raummetern verkauft wird. Es wird nur in den Holzarten ausgehalten, die zu Zellstoff oder Holzschliff verarbeitet werden können.

Nach der Holzmeßanweisung des Deutschen Reiches vom 1. April 1936 wird Faserholz in Westdeutschland in vier Klassen sortiert.

Aus diesen Merkmalsbestimmungen geht hervor, daß sehr häufig ein und derselbe Stamm je nach Bedarf ins Grubenholz, ins Faserholz, ins Brennholz (siehe Faserholz Klasse D) oder aber auch ins Sägerundholz sortiert werden kann (z. B. Kl. A und A 1).

---

[6] Die Grubenholzkosten je t Steinkohle betrugen lt. FAO 1950 in Belgien 4,6 %, in Frankreich 4,7 %, in England (einschl. der Kosten für Stahlstempel) 5,6 % der Förderkosten.

[7] Allerdings überwiegt in letzter Zeit die Gewinnung des Faser- und Grubenholzes auf dem Wege der Durchforstung.

[8] Je nach den Bedürfnissen des jeweiligen Grubenbetriebes sehr unterschiedlich. In Westdeutschland 90 cm bis etwa 2 m Länge.

[9] Schwellen für den Bedarf des Bergbaues bilden ein besonderes Sortiment — auch Feldbahn- oder Industrieschwellen genannt —. Sie werden in der Regel nur auf Sonderauftrag gefertigt.

Die Klassenmerkmale des Faserholzes

Klasse	Merkmal
A[1]	Über 14 cm Durchmesser am schwächeren Ende, gesund, nicht grobästig
B	Über 10 bis 14 cm Durchmesser am schwächeren Ende, gesund, nicht grobästig
C	Über 7 bis 10 cm Durchmesser am schwächeren Ende, gesund, nicht grobästig
D	Alles unter 7 cm Durchmesser; wenn darüber, dann mit Fehlern (einschließlich der Spaltstücke)

[1] Klasse A 1: Über 20 cm Durchmesser.

Quelle: Reichsholzmeßanweisung (Reichs-homa) vom 1. 4. 1936.

Diese Eigentümlichkeit bewirkt, daß auf den Holzmärkten diese Sortimente insofern im Wettbewerb miteinander stehen, als der Waldbesitz je nach den vorliegenden Preisrelationen bei der Sortierung (Aushaltung) des Rohholzes das eine oder andere Sortiment bevorzugen bzw. vernachlässigen kann.

So führte der hohe Faserholzpreis des Jahres 1951 zu einer beträchtlichen Erhöhung des Faserholzangebots auf Kosten des Grubenholzes, Brennholzes und des Sägerundholzes schwächerer Dimensionen. Im Herbst 1952 bevorzugte der Waldbesitz dagegen bei der Aushaltung das Säge-

Gruben- und Faserholz im Wettbewerb auf dem europäischen Holzmarkt

Bereich	Einheit	1948/1949	1950	1951 1. Hj.	1951 2. Hj.
Preise für:					
Faserholz (Fichte/Tanne, halbgeschält) ...	sh je rm	105	50	75—114	130—140
Grubenholz	„	44—50	44—50	64—114	118—132
Exporte von:					
Faserholz	Mill. rm	2,7[1]	3,1	5,1	
Grubenholz	„	4,4[1]	2,5	2,8	
Bestände[2] an:					
Grubenholz (Jahresende) ...	Mill. rm	5,8[1]	4,7	3,6	

[1] 1949. — [2] In Belgien, Frankreich, Westdeutschland, Italien, Niederlande, Saargebiet, England.

Quelle FAO; Unasylva Vol. VI, No. 2, June 1952. Economic-Commission for Europe; Monthly Bulletin of Coal Statistics.

rundholz, weil die Nachfrage vor allem nach Faserholz empfindlich zurückgegangen war.

Zwischen dem Angebot von Gruben- und Faserholz besteht insofern ein grundsätzlicher Unterschied, als die Grubenholzerzeugung — entsprechend dem stetigen Bedarf an Kohle in der Welt — beträchtlich stabiler[10] ist als die Faserholzproduktion, die sich den im allgemeinen labileren Papiermarktverhältnissen anpaßt.

Die obenstehende Tabelle zeigt, daß die Grubenholzpreise den anziehenden Faserholzpreisen folgten, was wiederum die Zechen zwang, bei Zurückhaltung im Einkauf ihre Bestände verstärkt in Anspruch zu nehmen.

Die Deckung des Grubenholzbedarfes ist für die Hauptkohlenländer Europas zwar relativ wichtiger als genügend Faserholz, aber auch einfacher, weil neben den meisten Nadelhölzern zahlreiche Laubholzarten verwendet werden können (im Weltdurchschnitt besteht etwa ein Viertel des verbrauchten Grubenholzes aus Laubholz; es bestehen in dieser Hinsicht allerdings erhebliche regionale Unterschiede). Die Bereitstellung von genügend Faserholz macht größere Schwierigkeiten, obwohl der Bedarf hier elastischer ist, weil überwiegend Nadelholz, und zwar vorwiegend Fichte (Sulfitzellstoff) benötigt wird. Bestrebungen, durch Anbau von Pappeln auf diesem Gebiet die Bereitstellung des notwendigen Rohstoffes zu erleichtern, sind vor allem in Westeuropa im Gange.

b) Die Versorgungsschwierigkeiten Westeuropas und ihre Ursachen

Während in der neuen Welt dank dem Waldreichtum und der geographischen Nachbarschaft der Vereinigten Staaten und Kanadas Versorgungsschwierigkeiten bei diesen schwach dimensionierten Industrierohhölzern praktisch unbekannt sind, ist durch die Veränderungen im Wirtschaftsaufbau Europas, wie sie sich als Folge der beiden letzten Kriege ergeben haben, die Versorgung Westeuropas auf diesem Gebiet problematisch geworden.

Die Versorgungsschwierigkeiten sind im wesentlichen begründet in:
1. dem wachsenden Bedarf bei steigendem Papier- und Kohleverbrauch und zunehmender Bedeutung der Kunstfasern und Kunstmassen;
2. dem Rückgang der osteuropäischen Exporte;
3. der Übernutzung der eigenen Forsten und dem dadurch bedingten allmählichen Rückgang der eigenen Waldreserven.

Vor dem 2. Weltkrieg stammten 50 vH der europäischen Rohholzimporte aus Mittel- und Osteuropa (UdSSR, Tschechoslowakei, Ungarn, Polen, Rumänien, sowjetisch besetzte Zone, deutsche Gebiete östlich

---

[10] Der Verbrauch an Grubenholz in Europa betrug seit der Jahrhundertwende praktisch unverändert etwa 14—16 Mill. fm pro Jahr.

Strukturveränderungen im europäischen Außenhandel mit Gruben- und Faserholz

Gebiet	Einheit	Grubenholz			Faserholz		
		Durchschnitt 1935—1938	1950	1951	Durchschnitt 1935—1938	1950	1951
Westeuropa							
Erzeugung	1000 fm	12 060 [1,2]	10 363 [1]	10 781 [1]	36 471 [2]	25 325	34 890
Import	„	4 584 [2]	2 401	2 600	6 998 [2]	2 715	5 143
Export	„	2 866 [2]	2 038	2 278	1 730 [2]	2 777	4 110
dar.: aus Finnland	„	1 700	880	1 122	1 190	1 882	3 496
Osteuropa [3]							
Erzeugung [4]	1000 fm	15 700 [5]	19 750	19 775	10 600 [5]	10 550	10 550
Import	„	167 [5]	24 [6]	21 [6]	520 [5]	211 [6]	334 [6]
Export	„	1 992 [5]	448 [6]	304 [6]	4 149 [5]	170 [6]	186 [6]
Gesamtimport Europas	vH	100	100	100	100	100	100
Empfangsgebiet							
Osteuropa [7]	vH	4	1	1	7	7	6
Nordeuropa	„	0	—	—	6	24	25
Übriges Europa	„	96	99	99	87	69	69
Liefergebiet							
Nordamerika	„	6	2	9	4	3	15
Osteuropa [8]	„	39	18	11	67	6	4
Nordeuropa	„	37	46	53	22	70	72
Übriges Europa	„	18	34	27	7	21	9

[1] Bei Finnland Export = Erzeugung. — [2] Deutschland mit Gebietsstand 1938. — [3] UdSSR, Tschechoslowakei, Ungarn, Polen, Rumänien, sowjetische Besatzungszone und deutsche Gebiete östl. Oder/Neiße. — [4] Nach Schätzungen der FAO. — [5] Ohne sowjetische Besatzungszone und deutsche Gebiete östlich Oder/Neiße. — [6] Nach Meldungen der Export- bzw. Importländer. — [7] Nur Importe aus Westeuropa. — [8] Nur Exporte nach Westeuropa.

Quelle: FAO; Unasylva Vol. VI, No. 2, June 1952.

Oder/Neisse). Nach dem Kriege waren es nur noch 10 vH (1951 sogar nur 6 vH).

Aus der vorstehenden Zahlenübersicht geht hervor, wie die Bedeutung der nordeuropäischen Länder für die Versorgung Westeuropas auf diesem Gebiet gewachsen ist. Finnland ist zum Hauptlieferanten in diesen Sortimenten geworden.

c) Möglichkeiten des Ausgleichs zwischen Angebot und Nachfrage

Der Weltkonsum an Gruben- und Faserholz konzentriert sich in den drei Hauptgebieten Nordamerika, Westeuropa und Osteuropa. Während in Nordamerika und in Osteuropa infolge des Waldreichtums dieser Regionen strukturelle Versorgungsschwierigkeiten bisher unbekannt waren, d. h. Mangelerscheinungen, die nicht durch organisatorisch zu beseitigende Bringungsschwierigkeiten hervorgerufen werden, steht der Ausgleich zwischen Angebot und Nachfrage in Westeuropa unter folgenden Aspekten:

1. Es ist wenig wahrscheinlich, daß die Exporte der Ostblockstaaten sich auf die Dauer wesentlich erhöhen werden.

2. Der Ausbau der bodenständigen holzverbrauchenden Industriezweige vermindert allgemein die Neigung zur Ausfuhr dieser Rohholzsortimente. Es ist infolgedessen anzunehmen, daß trotzdem notwendige Aus- und Einfuhren immer mehr Gegenstand zwischenstaatlicher Kompensationsgeschäfte sein werden.

3. Ein Ausgleich der westeuropäischen Bilanz durch zusätzliche Importe aus Nordamerika ist grundsätzlich möglich (Bindungen bestehen hier vor allem zwischen Kanada und England). Die praktische Durchführbarkeit hängt jedoch von der Verfügbarkeit an Valuta und von der Nachfrage der Vereinigten Staaten nach kanadischem Faserholz ab (außerdem vom verfügbaren Frachtraum und der Frachtrate).

4. Die Ausweichmöglichkeiten auf andere Stoffe als Holz sind bei Faserholz z. Zt. noch größer als bei Grubenholz. Als Faserquelle zur Herstellung von Holzschliff und Zellstoff könnten auch andere faserhaltige Pflanzen herangezogen werden, sofern ihre Faserqualität brauchbar, genügende Mengen davon greifbar und die Aufschließung der Faser wirtschaftlich durchführbar[11] ist.

Bei Grubenholz sind es hauptsächlich die mechanischen Eigenschaften des Holzes, die es im Grubenbetrieb nur schwer ersetzbar machen: das im Vergleich zur Festigkeit geringe Gewicht, die Leichtigkeit der Bearbeitung im Ein- und Ausbau und nicht zuletzt die Warnfähigkeit (Knistern und Knacken bei plötzlich auftretender Zunahme des Bergdruckes).

---

[11] Holzfaser- und sonstige Bauplatten können mit Erfolg sogar aus Kartoffelkraut und Rapsstroh hergestellt werden.

Gewisse Ausweichmöglichkeiten bestehen aber auch bei Grubenholz in Gestalt von Grubenstempeln aus Stahl oder Leichtmetall und in der Möglichkeit, im Schacht- und Streckenausbau Holz durch Stahl zu ersetzen[12]. Ihre Anwendbarkeit unter Tage hängt von der Mächtigkeit der Flöze sowie von den sonstigen örtlichen Abbauverhältnissen ab und ist nicht zuletzt eine Kostenfrage[13].

Grubenholzverbrauch einiger westeuropäischer Länder 1951

Länder	Grubenholzverbrauch in fm je 1000 t Kohle	Kohlenförderung in Mill. t	Gesamtverbrauch von Grubenholz in 1000 fm
Großbritannien	13,5	213,0	2 875
Westdeutschland[1]	27,0	118,0	3 186
Frankreich	42,0	54,6	2 293
Saargebiet	25,0	16,0	400
Niederlande	20,0	12,5	250
Belgien	38,0	28,7	1 090

[1] Verbrauch im Steinkohlenbergbau Ruhr-Aachen/Niedersachsen im Jahre 1952 = 24,3 fm/1000 t Kohle.

Quelle: Mitteilungen der OEEC.

4. Besondere Probleme der Holzbearbeitung

a) Rohstoffversorgung

Die Versorgung mit dem Hauptrohstoff — dem Rundholz der mittleren Stärkeklassen — für die Erzeugung der Massensortimente im Produktionsprogramm der holzbearbeitenden Branchen muß im wesentlichen aus dem jeweiligen Inlandsaufkommen bestritten werden. (Eine Ausnahme bilden z. T. der Bedarf der Furnierindustrie und die Hölzer für die Erzeugung von Furnierplatten und Absperrfurnieren für die Tischlerplattenfertigung.) Dies führt mit fortschreitender Übernutzung der günstig gelegenen Wälder in holzreichen Ländern (USA, Kanada, Schweden, Finnland, UdSSR) zum Problem der Exploitierung entfernterer Forsten, in waldarmen Ländern mit der Zeit zu einer

---

[12] Man hofft, den Grubenholzverbrauch in Westdeutschland von 27 fm/1000 t geförderte Kohle mit der Zeit auf 20—22 fm senken zu können (Schutzgemeinschaft Deutscher Wald).
[13] 1950 verbrauchte Europa insgesamt 17 Millionen fm Rundholz im Bergbau, davon 10 % in Gestalt von Schnittholz, den Rest als Grubenholz. Siehe auch Fußnote 6 Seite 41.

III. Arten des Holzverbrauchs in der Be- und Verarbeitung 47

Überkapazität[14] der holzbearbeitenden Industriezweige (Westdeutschland, Österreich, Schweiz).

Die Rundholzversorgung der holzbearbeitenden Industriezweige ist im wesentlichen ein Transportproblem. Obwohl die Rohholzvorräte der Welt noch sehr groß sind, herrscht in vielen Gegenden bei hohen Preisen ein starker Rohholzmangel, während es gleichzeitig Gegenden gibt, wo Rohholz wegen des ungünstigen Standortes praktisch überhaupt keinen Wert hat. Dadurch sind die Unterschiede im Preisniveau des Rundholzes in den verschiedenen Gegenden der Welt oft wesentlich größer als bei Holzhalb- und Holzfertigwaren, wo ein Ausgleich durch den Handel einfacher ist.

Die Schwierigkeit des Ausgleichs von Angebot und Nachfrage auf dem Rohholzsektor bringt es mit sich, daß nur relativ geringe Mengen an Rohholz international gehandelt werden.

In gleicher Richtung wirken Erschwerungen des Exports von Rohholz durch Ausfuhrverbote, Zölle usw., um die bodenständige Holzbearbeitung, die auf das jeweilige Inlandsaufkommen angewiesen ist, rohstoffmäßig zu sichern.

b) Saisonbewegungen in der Holzbearbeitung

Die holzbearbeitenden Industriezweige sind vom Klima besonders abhängig und zeigen deshalb in ihrem Produktionsablauf eine deutliche Saisonbewegung (besonders ausgeprägt bei Laubholz). Diese ist zum Teil durch den Rohstoff (Holz), zum Teil durch den Abnehmerkreis (Überwiegen des Bausektors) bedingt.

Einerseits muß das Rohholz z. Zt. des geringsten Saftflusses geschlagen und in der Zeit der besten Verkehrsverhältnisse transportiert werden. Andererseits sind auch das vorläufig noch überwiegend übliche natürliche Trocknen des Holzes an der Luft und die zu erheblichen Teilen im Freien erfolgende Bearbeitung des Holzes an bestimmte Jahreszeiten gebunden. Da der Hauptabsatz der Holzhalbwaren (außer Zellstoff) in den Bausektor geht, ist er eng an die Bausaison gekoppelt. Daraus, daß Rohstoffeinkauf und Hauptumsatz meist zu verschiedenen Zeiten stattfinden, erklärt sich auch der hohe Kapital- und Kreditbedarf der Holzbearbeitung. Allerdings hat die zunehmende Technisierung der gewerblichen Wirtschaft insbesondere im Laufe der letzten 20 Jahre Saisonschwankungen, soweit sie durch das Klima verursacht werden, merklich abgeschwächt, so daß in letzter Zeit die saisonalen

---

[14] Daneben können natürlich auch noch andere Ursachen in der gleichen Richtung wirksam werden, z. B. Übervölkerung, Zustrom von Flüchtlingen, durch vorübergehend günstige Konjunkturen für Holzhalb- und -fertigwaren angeregte erhöhte Investitionstätigkeit der einschlägigen Industriezweige usw.

Schwankungen in Ländern mit gemäßigtem Klima weniger ausgeprägt erscheinen.

c) *Ausbeute und Mechanisierung*

Die großen Abfallmengen, die bei der Erzeugung von Holzhalbwaren durch Bearbeitung von Rundholz anfallen, und der erhebliche Anteil dabei zu leistender schwerer körperlicher Arbeit zwingen die holzbearbeitenden Industriezweige, das jeweils günstigste Verhältnis von Mechanisierung und Holzausbeute anzustreben.

So neigt die Holzbearbeitung im waldreichen Nordamerika und in Schweden mehr dazu, auf Kosten der Ausbeute ein Höchstmaß an Mechanisierung anzustreben, um den Anteil der dort besonders kostspieligen menschlichen Arbeit zu reduzieren. Dies wird im Extremfall durch weitgehende Standardisierung der einzelnen Verrichtungen und Erzeugnisse erreicht, wobei sich natürlich mehr Holzabfälle ergeben. In Westdeutschland dagegen ist Rundholz z. B. relativ teuer und knapp; daher wird in den Betrieben häufiger ein viel stärkeres Gewicht auf maximale Ausbeute gelegt, was wiederum mehr menschliche Arbeitskraft erfordert, die im Vergleich zu USA und z. B. Schweden hier jedoch billiger ist.

Natürlich kommen sowohl in den angeführten Ländern als auch in der übrigen Welt die geschilderten Verfahren auch gleichzeitig sowie verschiedene Kombinationen und Übergangsformen der erwähnten Vorgangsweisen nebeneinander vor.

Das Streben nach höchster Ausnutzung des vorhandenen Rundholzes bedingt im extremen Fall — d. h. bei ausgesprochenem Wertholz —, daß z. B. bei der Erzeugung hochwertiger Laubschnitthölzer auf dem Horizontalgatter Bretter und Bohlen *einzeln* geschnitten werden und nach jedem Schnitt neu entschieden wird, welche Brettstärke für den nächsten Schnitt einzustellen ist. Die individuelle Behandlung jedes einzelnen Stammes beim Messern hochwertiger Deckfurniere aus Edelhölzern ist sogar die Regel.

Die Möglichkeit, die Fertigung zu mechanisieren, hängt allerdings auch noch davon ab, ob genügende Mengen von Rundholz in gleichmäßiger Zusammensetzung verfügbar sind. Dadurch, daß z. B. in Schweden das an sich schon sehr gleichmäßige Sägerundholz geflößt wird und somit an den Flußmündungen bzw. in den Fjorden in beträchtlichen Mengen konzentriert anfällt, wird die Mechanisierung der Sägewerksarbeit in hohem Maße begünstigt.

In Westdeutschland z. B. sind angesichts der erheblichen regionalen Unterschiede in der Holzart, Holzstärke und -güte sowie wegen der Verkehrslage die Voraussetzungen für eine weitgehende Mechanisierung nicht in dem gleichen Ausmaß gegeben.

Da der Wert des Rohholzes in der ganzen Welt stetig ansteigt, versuchen moderne Unternehmen der holzbearbeitenden Branchen heute auch in waldreicheren Ländern mit hohen Industriearbeiterlöhnen höchste Mechanisierung mit maximaler Holzausbeute zu verbinden. Dies geschieht in Ländern wie den USA und Schweden allerdings nicht (wie z. B. häufig in Westdeutschland) auf dem Wege der individuellen Behandlung des einzelnen Holzstammes, sondern durch die Kombination verschiedener Verarbeitungsstufen, z. B. durch die Koppelung von Sägewerken und Sperrholzfabriken mit Zellstoff- und Papierfabriken in Verbindung mit nebenbetrieblicher Herstellung von Holzfaser- oder Holzspanplatten u. ä. m. Das anfallende Abfallholz wird je nach Eignung zu Zellstoff bzw. Pappe oder Papier verarbeitet, zu Holzspanplatten veredelt oder zu Briketts verpreßt usw. Es kommt häufiger vor, daß solche Betriebe gleichzeitig Besitzer oder Pächter ausgedehnter Forsten sind und sie entsprechend ihren Bedürfnissen planmäßig bewirtschaften, um auch die Rohholzbasis für ihre Werke auf diese Weise ganz oder z. T. selbst in der Hand zu haben. Besonders häufig sind solche Verhältnisse in Schweden und in USA, wo 80 % des Waldes Privatwald sind, aber auch in Kanada. Solche Unternehmensformen ähneln dem in der UdSSR und den Ostblockstaaten üblichen sogenannten „Forstkombinat", das die holzerzeugende (Wald) mit der holzbearbeitenden und der holzverarbeitenden Produktionsstufe vereinigt und den Fertigungsprozeß vom Rohholz bis zur Holzfertigware in eigener Regie durchführt.

d) Eigenart des Rohstoffes Holz in der Bearbeitung

Der Rohstoff Holz entsteht durch das natürliche Wachsen des Baumes im Walde und weist deshalb von Holzart zu Holzart und von Stamm zu Stamm erhebliche Qualitätsunterschiede auf.

Die Holzqualität drückt sich in den Abmessungen, den Festigkeitseigenschaften, der Elastizität, der Fähigkeit zu quellen und zu schwinden, der Spaltbarkeit, der Härte, den Wärmeeigenschaften sowie im Astreichtum, der Oberflächenbeschaffenheit des Holzes und in den vorhandenen Fehlern (Risse, Harzgallen, Wuchsfehler u. ä. m.) aus.

Diese Vielfalt von Merkmalen, nach denen die Qualität des Holzes beurteilt wird, macht im Handel mit Holz und Holzhalbwaren eine weitgehende Angleichung der Wirtschaftspartner im Hinblick auf Sortierungsbestimmungen und Handelsgebräuche (z. B. Vermessung) notwendig und erschwert den internationalen Handelsverkehr.

Da Holz darüber hinaus durch Faulen, Reißen, Verwerfen, Verblauen, Verstocken oder durch Schädlingsbefall u. ä. seine Güteeigenschaften während des Transportes, der Lagerung und der Bearbeitung bedeutend — unter Umständen bis zur Unbrauchbarkeit — verändern kann, schließt das Wirtschaften mit Holz ein großes Risiko ein und verlangt erhebliche Sachkenntnisse, wenn es erfolgreich sein soll.

Da die natürlichen Holzeigenschaften sehr mannigfaltig sind und auch alters- und orts- bzw. richtunggebunden innerhalb des einzelnen Stammes beträchtlich differieren, ist die Eignung der Holzarten und Hölzer für die verschiedenen Verwendungsgebiete sehr unterschiedlich. Die industrielle Verwertung einer Holzart setzt deshalb voraus, daß diese in größeren Mengen und ähnlicher struktureller Zusammensetzung (Abmessungen, Alter des Bestandes usw.) verfügbar ist. Dieser Umstand erschwert insbesondere die Nutzung der artenreichen tropischen Laubwälder.

Bei der Bearbeitung von Holz entstehen, einerseits weil es sich dabei im wesentlichen um Zerspanungsvorgänge handelt, andererseits weil der Baumstamm infolge seiner Form und seiner Eigenschaften als Produkt eines natürlichen Wachstumsprozesses sich nicht ohne Mengenverluste in Kanthölzer, Bretter, Bohlen, Leisten, Furniere usw. aufteilen läßt, erhebliche Mengen an Holzabfällen. Diese Holzabfälle fallen vor allem als Sägespäne, daneben als Rinde, Abschnitte, Säumlinge, Schwarten, Restrollen, Splitter, Aststücke und ähnliches an.

Der erhebliche Verschnitt bei der Bearbeitung von Holz bedingt für den holzbearbeitenden Betrieb einerseits die Notwendigkeit, durch geeignete Maßnahmen im Einkauf des Rundholzes, bei seiner Lagerung sowie beim Transport und durch abfallsparende Bearbeitungsverfahren und Werkzeuge sowie durch zweckentsprechende Behandlung der Holzhalbwaren in der Trocknung und Lagerung *nach* der Bearbeitung den Verschnitt bzw. die Mengen- und Wertverluste möglichst zu verringern bzw. die Ausbeute zu erhöhen. Andererseits entsteht in diesem Zusammenhang das Problem der Beseitigung der Abfälle, sei es durch nutzbringende Verwertung oder dort, wo dies unmöglich ist, durch Abtransport oder Vernichtung.

Bis in die jüngste Zeit hinein bestand die beinahe einzige Möglichkeit einer nutzbringenden Weiterverwertung von nennenswerten Mengen dieser Holzabfälle in ihrer Verbrennung zum Zwecke der Wärme- und Energiegewinnung (dies gilt vor allem für Sägespäne und sonstige kleinstückige Holzabfälle). Bei holzbearbeitenden Betrieben, die keinen Bedarf nach Brennstoff haben, weil sie mit Wasserkraft oder mit Fremdstrom usw. arbeiten, entstanden durch den Abtransport oder die Vernichtung der Holzabfälle sogar zusätzliche und mitunter nicht unerhebliche Kosten.

So z. B. hat die Ankersvik AG in Sundsvall, Schweden, noch im Jahre 1925 jährlich über 70 000 sKr für die Beseitigung ihrer Holzabfälle ausgegeben.

Erst seit Ende des 1. Weltkrieges haben sich immer zahlreichere Möglichkeiten der Holzabfallverwertung entwickelt und Verbreitung

III. Arten des Holzverbrauchs in der Be- und Verarbeitung

gefunden, deren wichtigste die Verwendung als Rohstoff zur Herstellung von Holzwerkstoffen — hier vor allem Holzfaser- und Holzspanplatten — ist. (Näheres hierzu siehe in „Die Abfallverwertung" S. 70 und „Holz als Brennstoff" S. 36).

Die erwähnte schwedische Firma konnte nach Angliederung einer Holzfaserplattenfabrik im Jahre 1930, die erhebliche Teile des Abfallholzes verarbeitet, nicht nur die Kosten für ihre Beseitigung einsparen, sondern aus der Holzfaserplattenherstellung steigende Einnahmen verbuchen.

e) Betriebsformen der Holzbearbeitung

Überall in der Welt ist für die holzbearbeitenden Industriezweige das häufige Vorkommen des gemischten Betriebs typisch (siehe Punkt c)[15], mitunter auch in Kombination mit branchenfremden Betriebsteilen wie Baugeschäften, Mahlmühlen usw. Außerdem ist die Holzbearbeitung charakterisiert durch den hohen Anteil kleiner und kleinster Betriebe, insbesondere in der Sägeindustrie. (Einsparung von Transportkosten durch rohstofforientierten Standort bedingt z. T. die Notwendigkeit der Streuung auf weite Räume.) Daneben ist die Tatsache bezeichnend, daß in der Sägeindustrie Betriebe mit primitivstem Fertigungsapparat relativ häufig vorkommen.

Eine weitere Eigentümlichkeit der Holzbearbeitung und davon vor allem der Sägeindustrie ist ferner der Umstand, daß ein erheblicher Teil der Betriebe auf dem Lande (Waldnähe) gelegen ist.

Hieraus ergibt sich einerseits in vielen Fällen — insbesondere bei dem Kleinbetrieb — eine Koppelung der holzbearbeitenden Betriebe mit Landwirtschaften, andererseits häufig die Notwendigkeit, Arbeiter zu beschäftigen, die außerhalb ihrer Tätigkeit in der holzbearbeitenden Industrie selber nebenbei Landwirtschaft betreiben (Häusler).

Die Auswirkungen dieser Sachlage sind sehr mannigfaltig:

1. Durch die Verbindung mit anderen Betrieben steigt die Krisenfestigkeit des holzbearbeitenden Betriebsteiles,

2. die Kostenrechnung und Preiskalkulation werden erheblich erschwert,

3. infolge der häufigen Kombination mit Land- (Bauern-) Wirtschaften neigt insbesondere der kleine holzbearbeitende Betrieb oft zu einer gewissen Schwerfälligkeit des Fertigungsablaufs. Neuerungen setzen sich schwer durch.

---

[15] So z. B. ist in Ostkroatien für die Exploitierung der dort wachsenden wertvollen Eichen- und Buchenwälder die Kombination eines Sägewerks mit einer Parkettfabrik, einer Faßfabrik, einer Gerbstoffgewinnungsanlage und einer Anlage für Holzdestillation üblich und typisch. In neuester Zeit werden Anstrengungen gemacht, diese Kombination noch mit Möbelfabriken und Betrieben zur Herstellung von Fertighäusern zu koppeln. Für Deutschland ist die Koppelung eines Sägewerks mit einem Hobelwerk, einer Kistenfabrik bzw. Imprägnieranstalt oder einem Holzhandelsgeschäft besonders typisch.

4. Die große Krisenfestigkeit der gemischten Betriebe und die Schwierigkeit der Kostentrennung — oft, ja sogar meist wird überhaupt nicht kalkuliert — verursachen in Zeiten des Absatzmangels das häufige Vorkommen von Preisunterbietungen (Schleuderpreise). Dies vergrößert die Auswirkungen von konjunkturellen Schwankungen und erschwert die Lage der größeren, nicht gemischten Betriebe erheblich.

5. Die landwirtschaftliche Gebundenheit eines erheblichen Teils der Belegschaft vergrößert einerseits, da diese Arbeiter nicht so freizügig sind wie der normale Industriearbeiter, die Verbundenheit der Belegschaft mit dem Betriebe, was mitunter ausgesprochen patriarchalische Formen annehmen kann. Andererseits werden jedoch die betreffenden Betriebe in vielen Fällen dazu gezwungen, ihr Verhalten und ihre Tätigkeit mit den landwirtschaftlichen Interessen der Arbeiter in Einklang zu bringen (z. B. Betriebsstillegung während der Heu- und Erntezeit usw.).

Die jeweils für ein Land oder ein Gebiet charakteristische Betriebsgröße hängt in hohem Maße von der Art des Holzanfalles ab. In Kanada und in den Vereinigten Staaten z. B., wo große Holzmengen gleichartiger Zusammensetzung und ähnlicher Beschaffenheit (Holzart, Holzstärke, Holzgüte) leicht an einem Ort zu konzentrieren sind, kommen Großbetriebe der Holzbearbeitung wesentlich häufiger vor als in Ländern mit zersplittertem Holzanfall in verschiedenen Holzarten, Holzstärken usw. (z. B. Westdeutschland).

Das grundsätzliche Vorgehen der holzbearbeitenden Betriebe zur Sicherung der Rohstoffbasis kann sehr unterschiedlich sein. In der Regel kauft der holzbearbeitende Betrieb, falls er nicht, wie es in Schweden und den USA besonders oft vorkommt, selber Waldbesitzer ist (s. o.), das Holz beim Forst, geschlagen oder auf der Wurzel. Nach Bearbeitung werden die Holzhalbwaren zum Teil direkt in die eigene Holzverarbeitung geschleust oder teils über den Holzgroßhandel, teils direkt in den Konsum geleitet. Es sind auch Fälle denkbar, wo der Holzgroßhändler das Rohholz einkauft und es im Lohn bearbeiten läßt, um dann den Verkauf zu übernehmen. Diese Unternehmensform kommt allerdings in der Regel nur bei Schnittholz und Furnieren vor.

Bei Zellstoff ist die Weiterverarbeitung zu Papier oder Pappe im eigenen Betrieb ebenfalls sehr häufig, allerdings weniger in Kanada, Finnland und Skandinavien, obwohl auch dort die Tendenz, die weiterverarbeitende Stufe auszubauen, immer stärker wird.

In Afrika, Kanada und Südamerika, d. h. Gebieten, wo der Staat noch große Flächen unerschlossener Wälder besitzt, werden häufig Lizenzen[16] auf bestimmte Areale an Holzhändler oder Holzbearbeiter

---

[16] An solche Lizenzen werden neuerdings in immer stärkerem Maße besondere Verpflichtungen des Lizenznehmers zur Wiederaufforstung, Einhaltung bestimmter Einschlagspläne, Wegebau u. ä. geknüpft.

III. Arten des Holzverbrauchs in der Be- und Verarbeitung

vergeben, die den Wald dann exploitieren[17]. Der Verkauf afrikanischer Hölzer wird häufig von staatlichen oder halbstaatlichen Organisationen direkt vorgenommen (Frankreich, Belgien, so z. B. das halbstaatliche „Office des Bois de L'Afrique Equatoriale Français" [O.B.A.F.] in Libreville, Gabun).

5. Holz als Baustoff

Außer in Holzhäusern, Holzbauten und Holzkonstruktionen, wo das Holz als der den Charakter des Gebäudes bestimmende Baustoff auftritt, wird Holz im Bauwesen auch in Bauten verwendet, die nicht vornehmlich aus Holz hergestellt sind. In alten Zeiten gab es im Fachwerkbau eine gemischte Bauweise, wo Holz kombiniert mit Mauerziegeln als Hauptbaustoff auftritt. In modernen Bauten aus Stein, Beton usw. sind es in der Regel Dachstühle, Zwischendecken, Fenster, Türen und Treppen, Fußböden und Rolläden, die aus Holz hergestellt werden.

Daneben wird häufig auch für Zwischenwände, Wandverkleidungen, Vertäfelungen u. a. m. Holz oder Werkstoff auf Holzbasis (z. B. Holzfaser- oder Holzspanplatten) verwendet, ganz abgesehen davon, daß die weitverbreiteten sogenannten Leichtbauplatten einen Baustoff darstellen, der aus magnesit- oder zementgebundener Holzwolle besteht. Daneben gibt es zahlreiche Fußbodenmassen auf Holzbasis (z. B. Fama) — ebenso besteht z. B. Linoleum aus einer Mischung von Kork und Holzmehl mit Leinöl.

Man kann annehmen, daß 50—70 % des in der Welt erzeugten Schnittholzes im Bauwesen verbraucht werden. Auch bei Holzfaser- und Holzspanplatten sind sehr erhebliche Teile der Welterzeugung direkt für die Verwendung als Baustoff bestimmt. Im Sperrholzsektor ist die Situation insofern etwas anders, als z. B. in den USA und in Kanada, daneben aber auch in Schweden, Australien usw. — das heißt in Ländern mit hohem Lebensstandard und gegenüber der übrigen Welt relativ sehr hohem Lohnniveau —, die Verwendung von Sperrholz als Baustoff ziemlich verbreitet ist und dauernd zunimmt, insbesondere seit man mit Hilfe wasserfester Verleimung und auf dem Wege der Imprägnierung von Sperrholzplatten mit Kunstharzen witterungsbeständige Platten herzustellen in der Lage ist, die auch an der Außenseite der Gebäude verwendbar sind. So wird (vor allem in den Vereinigten Staaten) Sperrholz neuerdings auch als Betonschalung[18] verwendet, was in Europa bisher weniger üblich war. Bemerkenswert

---

[17] In Französisch-Äquatorialafrika wurden 1950 257 solche Konzessionen vergeben, davon 165 auf Okoumé. Die Konzessionsflächen betrugen rund 1,5 Mill. ha — davon für Okoumé allein 1,2 Mill. ha.

[18] In Westdeutschland sind in den letzten Jahren mit Holzfaserplatten als Betonschalung gute Erfahrungen gemacht worden.

ist hier vor allem auch, daß man z. B. in den Vereinigten Staaten bei Sperrholz als Baustoff von der Möglichkeit der spanlosen Verformung häufig Gebrauch macht.

Insbesondere hat die Verwendung von Schichtholz — einer Abart des Sperrholzes — in den USA einen großen Aufschwung genommen und zwar vor allem für tragende Bauelemente in mitunter bereits sehr erheblichen Abmessungen. Schichtholz wird nach demselben Prinzip wie Sperrholz hergestellt, die einzelnen Furniere bzw. dünnen Holzschichten, aus denen es besteht, sind dort jedoch hinsichtlich ihrer Faserrichtung nicht kreuzweise (um 90°) versetzt, sondern parallel angeordnet, wodurch eine große Festigkeit in der Faserrichtung erreicht wird. Schichtholz kann auch aus kleinen Brettern bestehen, die zu Balken zusammengesetzt sind, die dann als Bauholz dienen.

Nach L. I. Marquardt vom US Forest Products Laboratory bestehen die besonderen Vorzüge solcher Schichtholzträger in folgendem:

1. Herstellung großer Bauteile aus Standarddimensionen von Schnittholz.

2. Wegen der dünnen Lamellen des Schichtholzes Freiheit von Rissen und Trocknungsfehlern, die sonst bei großen Bauteilen unvermeidlich sind.

3. Einfachere statische Berechnung.

4. Möglichkeit der Herstellung von Trägern mit wechselndem der jeweiligen Belastung angepaßtem Querschnitt.

5. Verwendbarkeit von geringwertigerem Holz an weniger beanspruchten Stellen des Trägers.

6. Bessere Ausnutzung geringwertigen Holzes und forstlicher Abfälle.

Diese Unterschiede in der Verwendung von Sperrholz als Baumaterial sind durch die wechselnden Relationen zwischen Material- und Lohnkosten in den verschiedenen Ländern verursacht. In Nordamerika und Australien lohnt sich der Einsatz des relativ teueren, weil hoch veredelten, Baustoffes Sperrholz im Bauwesen, weil die damit verbundenen Lohneinsparungen die hohen Materialkosten rechtfertigen. Daneben spielen natürlich die hohen Ansprüche an die Qualität der Wohnbauausstattung, der Kücheneinrichtung usw. ebenfalls eine gewisse Rolle, besonders z. B. im Vergleich zu Westdeutschland, wo man zur Zeit im Rahmen des sozialen Wohnungsbaus sich bemühen muß, mit den geringsten Kosten die maximale Menge an Wohnraum (Einfachwohnungen) zu beschaffen, oder zu England, wo man schon seit längerer Zeit durch Verwendungsverbote den Verbrauch von Holz[19] im Bauwesen einzudämmen sucht. Angesichts der Importabhängigkeit versucht England auf dem Holzsektor Devisen zu sparen und trotz-

---

[19] Dies betrifft allerdings vor allem Nadelschnittholz.

dem die von der Regierung jährlich geplanten 300 000 Wohnungen zu schaffen.

Ähnliche Zusammenhänge sind auch bestimmend für den hohen Verbrauch von Holzfaser- und sonstigen Bauplatten im Bauwesen der oben aufgezählten Länder (siehe Tabelle S. 35).

Der Preis für Holz ist eine im großen gesehen strukturell steigende Größe. Im Laufe der Zeit wurde die Konkurrenzfähigkeit des Holzes mit anderen Baustoffen, die an Stelle von Holz eingesetzt werden können, dort besonders beeinträchtigt, wo der Holzpreis stärker gestiegen ist als der Preis für entsprechende Ausweichstoffe wie z. B. Zement, Stahl usw.[20]. Dies ist beispielsweise in Westdeutschland zweifellos der Fall und macht sich besonders bei dem teureren, wenn dabei auch wertvolleren Laubholz bemerkbar.

Stellt man die Holzkosten den Gesamtkosten gegenüber, dann ergeben sich folgende Relationen seit 1948:

Entwicklung der Holzkosten im Vergleich zu den Gesamtbaukosten bezogen auf das „Indexhaus" in Westdeutschland
1936 = 100

Zeitpunkt	Gesamt-baukosten	Gesamte Holzkosten	Anteil der Holz-kosten an den Gesamtbaukosten
1948 Juni	219	197	12
1949 Juni	195	240	16
1950 Juli	184	199	14
1951 Juli	221	284	17
Oktober	232	352	20
1952 Februar	236	372	21
August	234	366	20

Quelle: Berechnet auf Grund von Angaben des Statistischen Bundesamtes.

Die Holzkosten sind auf 360 bis 370 vH des durchschnittlichen Vorkriegsstandes (1936) gestiegen, während die gesamten Baukosten demgegenüber nur ein Niveau von 230 bis 240 vH erreichten. In der Praxis wirkt sich diese Veränderung der Kostenstruktur im Bauwesen natürlich weniger kraß aus, weil bei den Zeitreihen, die auf den Kosten für das sogenannte Indexhaus im Jahre 1936 aufgebaut sind, Verände-

---

[20] In Europa fiel nach Feststellungen der FAO der Bauholzverbrauch je Wohneinheit seit 1913 von 14,8 cbm Holz auf 10,6 cbm — d. h. um rund ein Drittel.

rungen und Vervollkommnungen der Bauweisen unberücksichtigt bleiben, ebenso wie etwaige Auswirkungen der Holzverdrängung durch andere Baustoffe; während gerade nach dem Kriege der enorme Wohnungsmangel, verbunden mit den bekannten Kapitalbeschaffungsschwierigkeiten, die Beteiligten mit merklichem Erfolg dazu angeregt hat, neue Wege zu suchen. Zum Teil wirkte die Zeit des Materialmangels unmittelbar nach Ende des 2. Weltkrieges in der gleichen Richtung, obwohl eine etwaige Verschlechterung der Kostenrelationen damals noch nicht ausschlaggebend war.

Auf dem Holzsektor lagen im übrigen in den Baumethoden aus der Zeit zwischen den beiden Weltkriegen zahlreiche Möglichkeiten vor, durch neue Verfahren Holzkosten einzusparen, ohne Holz als Baustoff zu meiden.

Diese besonderen Möglichkeiten der Holzeinsparung beruhen in der Hauptsache:

1. in der relativen Holzverschwendung, die — oft durch baupolizeiliche Vorschriften vorgeschrieben — in der Wahl zu großer Querschnitte vorlag;

2. in der bis vor einiger Zeit allgemein vorherrschenden Gewohnheit, nur Vollholz (meist sogar scharfkantiges) als Baumaterial zu verwenden;

3. in der ebenfalls häufig durch amtliche Vorschriften hervorgerufenen Neigung, zu *gute* Holzqualitäten einzusetzen.

Inzwischen haben sich neue Wege zur sparsameren Holzverwendung im Bau nicht nur durch den Verzicht auf zu große Querschnitte und übertriebene Qualitätsansprüche ergeben, sondern auch durch die technische Entwicklung der letzten 10 bis 15 Jahre. Hier hat vor allem der Holzflugzeugbau während des Krieges insofern bahnbrechend gewirkt, als neue Leime (vor allem auf Kunstharzbasis) entstanden sind und dadurch neue Verleimverfahren (Punktverleimung, Hochfrequenzverleimung usw.) zu den konventionellen Zimmermannsbauweisen (Verdübelung, Versatz, stumpfe Stoßverbindung, Verzapfung) getreten sind.

Außerdem hat man gelernt, die statischen Möglichkeiten des Bauholzes wesentlich besser auszunutzen (z. B. die bisher nicht übliche Nutzung der Dachlatte nicht nur zur Anbringung von Dachziegeln, sondern gleichzeitig als tragendes Element des Dachstuhles). In ähnlicher Richtung wirkten sich im übrigen auch der Baracken- und der Montagehausbau im Kriege aus.

Diese neuen Wege und Verfahren führten vor allem zum Einsatz genagelter oder geleimter Holzbinder und Holzträger, holzsparender Zwischendecken und zum Gebrauch von Bauelementen bzw. Bauteilen, die in kombinierter Zusammensetzung aus Vollholz und Bauplatten

III. Arten des Holzverbrauchs in der Be- und Verarbeitung   57

aller Art konstruiert sind, holzsparender, geleimter und genagelter Balken u. ä. m.

Immerhin führt aber die Verschlechterung der Kostenlage für den Baustoff Holz im Rahmen der Gesamtbaukosten in vielen Ländern der Welt auch zu einem erfolgreichen und oft überhaupt erst dadurch ermöglichten Vordringen von Ausweichstoffen im Bauwesen. Zum Teil ist hierfür neben der Kostenrelation auch die Tatsache, daß die mechanischen Eigenschaften des Holzes sehr variabel sind, während Ausweichstoffe meist genau berechenbare, oft sogar normierte Festigkeitseigenschaften besitzen, mitverantwortlich.

Das Ausweichen auf andere Baustoffe als Holz findet man in der Verwendung von vorgespannten Betonteilen oder von Stahlträgern usw. zur Konstruktion von Dachstühlen, zum Bau von massiven Zwischendecken aus Beton, in der verstärkten Verwendung von Glas als Baustoff oder in der Verlegung verschiedener Fußbodenmassen als Fußbodenbelag direkt auf den Betonestrich, aber auch in der Verwendung moderner Kunststoffe aller Art.

Die Bevorzugung massiver Zwischendecken wurde in Westdeutschland allerdings zum Teil auch durch die Auswirkungen des letzten Krieges gefördert, weil z. T. die Ansicht vertreten wird, daß die Zerstörung bei Gebäuden mit Holzbalkendecken relativ größer war als bei Häusern mit Massivdecken. Allerdings sind die Meinungen darüber recht geteilt.

Trotzdem wird der Baustoff Holz in absehbarer Zeit wohl nicht aus dem Bauwesen zu verdrängen sein, wenn er auch von der Konkurrenz der Ausweichstoffe kaum je wieder frei werden wird. Daher wird ingenieurmäßig durchdachten Verwendungsmethoden in Zukunft mehr Aufmerksamkeit durch die Holzbe- und -verarbeiter geschenkt werden müssen als bisher.

6. Holz als Verpackungsmittel

Erzeugnisse aus Holz sind, wenn man Papier und Pappe dazurechnet, mit einem Anteil von rund vier Fünfteln am Verpackungsmittelverbrauch das weitaus wichtigste Verpackungsmittel der Welt. Nach Berechnungen und Schätzungen der FAO betrug der Verbrauch Europas (ohne die UdSSR und die Ostblockstaaten) an Schnittholz, Sperrholz, Holzfaserplatten, Papier und Pappe für Verpackungszwecke im Jahre 1950 — umgerechnet auf Rundholzeinheiten — ca. 26 Mill. fm oder 16 % des gesamten europäischen Nutzholzkonsums in diesem Jahr. Damit hat die Verpackungswirtschaft einen höheren Anteil am europäischen Nutzholzkonsum des Jahres 1950 als z. B. der Bau neuer Wohnungen (13 %), der Bergbau (10 %) und der Verkehr (7 %).

Die Verwendung von Holz im Verpackungsmittelsektor zeichnet sich durch eine besondere Mannigfaltigkeit der Halb- und Fertigwarenarten aus. Die Skala der verschiedenen Verpackungsmittel aus Holz oder auf Holzbasis reicht vom Schnittholz über die Kiste bzw. das Faß bis zum Seidenpapier, wobei Erzeugnisse aus Papier und Pappe wie Papiersäcke, Tüten, Beutel, Kartonagen, Faltschachteln usw. etwa die Hälfte des Konsums ausmachen.

Verpackungsmittel werden in erster Linie verwendet, um das Füllgut auf dem Transport zu schützen und das Manipulieren des Füllgutes zu ermöglichen bzw. zu erleichtern. In zweiter Linie dienen Verpackungsmittel — insbesondere im Einzelhandel — auch der Werbung. Während im ersten Fall Zweckmäßigkeit und Billigkeit die Wahl des Verpackungsmittels bestimmen, wird im letzteren Falle häufig bewußt ein erheblicher Luxus bei der Auswahl und der Ausstattung des Verpackungsmittels getrieben. Außerdem können Verpackungsmittel aber auch der Aufbewahrung dienen, wobei sie dort, wo der Zweck der Aufbewahrung allen anderen Zielsetzungen vorangeht, wie es z. B. beim Brillenfutteral oder dem Holzgehäuse für Mikroskope der Fall ist, nicht mehr als Verpackungsmittel im eigentlichen Sinne anzusprechen sind. Sie sind dann ein wesentlicher Bestandteil des Gerätes (Füllgutes) bzw. seiner Ausstattung. Zu dieser Gruppe gehören im wesentlichen Etuis, Halbetuis und Holzgehäuse für technisches Gerät.

Nach Gruppen zusammengefaßt werden folgende Arten von Verpackungsmitteln aus Holz bzw. auf Holzbasis verwendet:

Verpackungsmittel aus Holz

Schwerfässer	Koffer
Leichtfässer	Spanschachteln
Kisten und Verschläge	Spankörbe
Kabel- und Seiltrommeln	Flechtkörbe
Zigarrenkisten	Holzwolle

Verpackungsmittel auf Holzbasis

Pack- und Einschlagpapier	Briefumschläge
Papiersäcke	Papierfässer
Tüten und Beutel	Hartpapierdosen
Grobkartonagen	Verpackungseinsätze
Feinkartonagen	Papierwolle, Papierschnitzel
Faltschachteln	

Kisten, Fässer und Grobkartonagen sowie Pappkartons (shipping containers) und Papiersäcke sind vor allem eine Verpackung für den Transport, während Tüten, Beutel, Feinkartonagen und Faltschachteln in erster Linie das Hantieren (Manipulieren) des Füllgutes ermöglichen bzw. erleichtern und Werbezwecken dienen.

Die Entwicklung des modernen Verkehrs hat die Tendenz, den *Bedarf* nach Verpackungsmitteln im allgemeinen zu verringern. Ein besonders charakteristisches Beispiel dafür sind die neuerdings entwickelten fahrbaren Spezialsilos für den Transport von Zement, die den Zementsack zum Teil entbehrlich machen. Gleiches gilt von Spezialeisenbahnwaggons zum Transport von z. B. Automobilen oder Motoren, die sonst in Holzverschläge verpackt befördert werden. Die Ansprüche des Transportes im Lastkraftwagen an die Verpackung sind ebenfalls im allgemeinen geringer als diejenigen der Eisenbahn (insbesondere im Werkverkehr). Der sogenannte „Behälterverkehr" sei in diesem Zusammenhang gleichfalls genannt.

Außerdem neigt das Transportrisiko mit der steigenden technischen Entwicklung des Verkehrs und der Verkehrsmittel dazu, sich generell zu verkleinern, was die Ansprüche an die *Widerstandsfähigkeit* der Verpackung sinken läßt. Andererseits steigen aber auch die Anforderungen des Menschen an die Verpackung, sei es aus Gründen der Sicherheit, sei es aus hygienischen Gesichtspunkten oder aus Reklamegründen, so daß der Verpackungsmittelbedarf bisher in ständigem Wachstum begriffen war.

Das geringere Transportrisiko führte in Verbindung mit dem Steigen des Holzpreisniveaus in der Welt dazu, daß Verpackungsmittel aus Papier oder Pappe vor allem in Gestalt des Papiersackes und der Kiste aus Wellpappe bzw. Spezialpappe gegenüber der Verpackungskiste, dem Verschlag aus Holz und dem Holzfaß erheblich an Boden gewannen[21]. Letzteres wird außerdem durch die Flasche und die Blechdose, zum Teil auch durch das Metallfaß zurückgedrängt, die ihrerseits wieder in Gestalt der paraffinierten Kartonbehälter (für Milch, Bier usw.) einen immer stärkeren Konkurrenten erhalten.

Die FAO rechnet für die europäische Verpackungswirtschaft im nächsten Jahrzehnt mit einem Ansteigen des Verbrauchs von Pappe

Das Vordringen der Pappe in der Verpackungswirtschaft
Verhältnis Pappe: Schnittholz im Verbrauch für Verpackungszwecke
1914 = 1,0

Gebiet	1929	1939	1950
USA.	2,7	5,6	6,7
Europa[1]	1,2[2]	1,7[3]	2,0

[1] 1913 = 1,0. — [2] Durchschnitt 1925—1929. — [3] Durchschnitt 1935—1938.

Quelle: FAO, European Timber Trends and Prospects; Genf 1953.

---

[21] Die Ausbeute bei der Herstellung ist auf dem Umwege über Zellstoff und Holzschliff bzw. Papier und Pappe höher als bei Herstellung aus Holz.

um fast 100 %, bei Papier mit einer Zunahme des Verbrauchs um ein Drittel bei gleichzeitigem Absinken des Schnittholzkonsums um 10 bis 15 %, d. h. die europäischen Verpackungsgewohnheiten werden sich stärker den Verhältnissen in den USA annähern. Eine ähnliche Entwicklung ist aller Voraussicht nach mehr oder weniger überall zu erwarten, um so mehr als die Papierwirtschaft der Welt große Anstrengungen macht, die Eignung ihrer Erzeugnisse für die verschiedenen Verpackungszwecke zu erhöhen. Die Möglichkeiten dazu sind noch keineswegs voll ausgeschöpft.

Die Angliederung einer Kistenfabrik stellte bisher für die Sägeindustrie einen beliebten Weg dar, um das Produktionsprogramm abzurunden bzw. die Rentabilität zu erhöhen. Eine derartige Maßnahme ist mit relativ geringen Investitionen durchführbar und steigert gleichzeitig die Ausbeute des Werkes (für Kisten und Verschläge läßt sich Schnittholz geringeren Handelswertes und zum Teil Abfall verwenden). Dies hat in vielen Ländern an und für sich schon zu einer beträchtlichen Überkapazität der Kistenindustrie geführt. Eine stärkere Verlagerung des Verpackungsbedarfes zu Verpackungsmitteln aus Papier und Pappe wird daher für die Kistenindustrien der Welt schwerwiegende Folgen haben.

7. Die Holzverarbeitung

a) Produktionsprogramm und Rohstoffverbrauch

Zum holzverarbeitenden Gewerbe im engeren Sinne gehört die Herstellung von Holzfertigwaren vor allem durch spangebende, aber auch durch spanlose Verformung von Holzhalbwaren, wie Schnittholz, Furnier, Sperrholz, Holzfaser- und Holzspanplatten. Im weiteren Sinne könnte man hierzu allerdings auch die Erzeugung von Papierwaren rechnen, weil auch sie aus einem Rohstoff hergestellt werden, der vorwiegend aus Holz besteht und somit als Holzhalbware im weiteren Sinne aufgefaßt werden könnte.

Zum Teil werden Holzfertigwaren allerdings auch unmittelbar vom Rundholz als Ausgangsrohstoff — d. h. ohne Umweg über die Holzhalbware — gefertigt. Zu solchen Fertigungen zählen u. a. die Erzeugung von Holzwolle und die Herstellung von Textilspulen, Schuhleisten, Drehteilen u. a. m.

Nach großen Gruppen gegliedert, umfaßt die Holzverarbeitung im wesentlichen folgende Erzeugnisse:

Möbel
    Wohnmöbel (als vollständige Zimmereinrichtungen und als Einzelmöbel einschließlich Polstermöbel), Büromöbel, Schulmöbel und Innenausbau, Korbmöbel, Kühlmöbel, Möbelteile.

III. Arten des Holzverbrauchs in der Be- und Verarbeitung 61

Musikinstrumente
Klaviere, Pianinos, Harmonien, Klavierteile, sonst. Musikinstrumente aus Holz.

Holzbauten und Bauelemente aus Holz
Montagefertige Holzhäuser und Baracken (Fertighäuser = prefabricated houses), Türen, Fenster, Rolläden, Holzstab- und Holzdrahtgewebe, Fußbodenbelag aus Holz (Parkett) usw.

Gehäuse
Radio- und Uhrengehäuse, Gehäuse für technische Geräte, Etuis, Särge.

Modelle aus Holz
Gießereimodelle, sonstige Modelle.

Verpackungsmittel
Fässer und Kübel, Kisten (einschließlich Zigarrenkisten), Koffer.

Leisten, Rahmen, Stiele und Rundstäbe
Gardinen- und Bilderleisten, Möbelleisten, Scheuerleisten, Spiegel- und Bilderrahmen, Griffe und Stiele aller Art.

Bestandteile aus Holz
Bürsten- und Pinselhölzer, technische Bestandteile, Holzbeschläge, Bootsteile.

Werkzeuge
Holzwerkzeuge, Hobel- und Werkbänke.

Geräte und Geräteteile
Spulen, Riemenscheiben, Leitern, technisches Gerät, gewerbliches und landwirtschaftliches Gerät, Haushalts-, Küchen-, Mal-, Schul- und Bürogerät, Sportgerät, Regale.

Holzdrehwaren
Knöpfe, Stöcke, Krücken, Holzspunde, Dübel, gedrechselte Bestandteile, Tischschmuck, Galanteriewaren, Spulen, Holzperlen.

Schuhe und Holzwaren für Schuhbedarf
Holzschuhe, Holzsohlen und -absätze, Holzstifte, Pflockholz, Holzgelenke, Stanzklötze, Zuschneidebretter, Schuhspanner, Schuhleisten.

Stanz- und Spanwaren
Spankörbe, Spanschachteln.

Sonstige Holzwaren
Holzwolle, Holzmehl, Erzeugnisse aus Holzwolle, Spielzeug aus Holz, Wäscheklammern, Pfeifen, Zigarren- und Zigarettenspitzen aus Holz u. ä. m.

Korbwaren
Körbe, Truhen, Korbmöbel, Kinderwagen, sonstige Korbwaren.

Stuhlrohr und Strohwaren
Stuhlrohr, Strohseile, Trinkstrohhalme, Strohgeflechte.

Pinsel, Bürsten und Besen
    Pinsel aller Art, Haushaltsbürsten, technische Bürsten, Besen.
Korkwaren
    Korkstein, Preßkork, Korkschnüre, Korkplatten, Korkstopfen, Tropenhelme.
Schilf- und Bastflechtwaren
    Basttaschen, Matten, sonstige Schilf- und Binsenwaren.

Die Erzeugnisse der Holzverarbeitung umgeben und begleiten den Menschen während seines ganzen Lebens. Ihre Bedeutung für das menschliche Leben ist wesentlich größer als der rein zahlenmäßige Anteil dieses Gewerbes an der gewerblichen Wirtschaft der Welt erkennen läßt. Neben der Herstellung von Fertigwaren für den Konsum betätigt sich die Holzverarbeitung auch als Zulieferer zahlreicher anderer Industrien und Gewerbezweige (z. B. Bauwirtschaft, Schuhindustrie, Maschinenindustrie).

Im Rahmen des Holzbedarfs bzw. Holzverbrauchs der Welt spielt der Holzbedarf der Holzverarbeitung mengenmäßig, verglichen z. B. mit dem *Bausektor* oder der Papierindustrie, keine so erhebliche

Der Rohstoffverbrauch der deutschen Holzverarbeitung im Jahre 1933
in 1000 cbm

Branche	Schnittholz	Furniere	Sperrholz
Gesamtverbrauch	8 994	100,0	191,2
davon:			
Baugewerbe	6 050 [1]	10,0 [1]	40,0 [1]
Karosserie- und Wagenbau	60	—	3,1
Waggonbau	24	—	2,3
Schiffsbau	27	—	0,5
Sonstige Verbraucher (einschl. Verbrauch f. d. Sperrholzerzeug.)	425	5,3	17,7
Holzverarbeitendes Handwerk ..	540 [1]	30,0 [1]	40,0 [1]
Holzverarbeitende Industrie	1 867	55,2	87,6
Holzverarbeitung insgesamt	2 407	85,2	127,6
darunter:			
Möbelindustrie	725	46,2	78,7
Kistenindustrie	556	7,1	0,3
Holzbauten und Bauteile	62	0,5	2,2
Faßindustrie	151	—	2,8
Sonstige Holzwarenindustrie	373	1,4	3,6
Anteil der Holzverarbeitung am Gesamtverbrauch in vH	27	85	67

[1] Zum Teil geschätzt.

Quelle: Reichsamt für wehrwirtschaftliche Planung, Deutschland.

III. Arten des Holzverbrauchs in der Be- und Verarbeitung 63

Rolle[22]. So stellte das Reichsamt für wehrwirtschaftliche Planung für Deutschlands Holzverarbeitung im Jahre 1933 vorstehende Anteile am deutschen Verbrauch von Holzhalbwaren — soweit er statistisch erfaßbar war — fest (s. Tabelle S. 62).

b) *Grundprobleme der Holzverarbeitung*

Die wichtigsten Probleme, mit denen sich das holzverarbeitende Gewerbe überall in der Welt auseinanderzusetzen hat, werden durch die Heterogenität der Holzstruktur und die unregelmäßige Form des Holzes im Baumstamm bzw. der Bretter, Bohlen usw. hervorgerufen. Es gilt:

1. die Eigenschaft des Holzes zu überwinden, längs der Faser, quer zur Faser und radial verschieden stark zu quellen bzw. zu schwinden (vgl. „Eigenschaften des Holzes" S. 10);

2. durch geeignete Konstruktionen zu berücksichtigen, daß Holz längs der Faser hohe, dagegen quer zur Faser niedrige Festigkeitseigenschaften besitzt;

3. sich mit dem oft enormen Anfall an Holzabfällen auseinanderzusetzen, der mit der Zerspanung von Holz — dem auch heute noch weitaus überwiegenden Fertigungsverfahren der Holzverarbeitung — verbunden ist.

b_a) *Maßnahmen gegen das Quellen und Schwinden des Holzes*

Wegen der Eigenschaft des Holzes, bei Feuchtigkeitsaufnahme bzw. -abgabe längs, quer und radial zur Faser in sehr unterschiedlichem Ausmaß zu quellen und zu schwinden (das „Arbeiten" des Holzes), neigen Erzeugnisse aus Vollholz um so stärker zu unerwünschten nachträglichen Formveränderungen (verwerfen sich), je großflächiger sie sind. Daraus und aus den unterschiedlichen Festigkeitseigenschaften je nach der Faserrichtung ergeben sich für den Holzverarbeiter zwei grundsätzliche Konsequenzen, die ineinander greifen, und zwar:

1. die Notwendigkeit, den Rohstoff Holz je nach dem Zweck, dem die erzeugten Holzfertigwaren einmal dienen sollen, durch Trocknung auf den Feuchtigkeitsgrad zu bringen, der dort herrscht, wo das Erzeugnis verwendet werden soll.

Das Trocknen geschieht dabei zum Teil auf natürlichem Wege durch zweckmäßige Lagerung im Freien (bis 15 % Feuchtigkeit) und anschließendes Lagern in geheizten Räumen oder — was im allgemeinen häufiger der Fall ist — künstlich in Trockenkammern oder Trockenmaschinen.

---

[22] Nach den Feststellungen und Schätzungen der FAO hat die holzverarbeitende Industrie Europas im Jahre 1950 mit 35,2 Mill. fm 21,6 % des gesamten europäischen Holzkonsums verarbeitet (umgerechnet auf Rundholz). Davon werden 7,8 Mill. fm (4,8 %) für die Herstellung von Möbeln, 13,7 Mill. fm (8,4 %) für Verpackungsmittel aus Holz verwendet.

B. Die Holzwirtschaft

Sollfeuchtigkeit von Holzfertigwaren
Gebiet: Mitteleuropa

Art	Feuchtigkeitsgehalt in %
Möbel, Möbelteile, Parkett, Zimmertüren	
in Räumen mit dauernder Zentralheizung	6— 8
in Räumen mit Ofenheizung	10—12
Fensterrahmen, Haustüren, Bauholz, Räder, Flugzeugteile	12—14
Eisenbahnwaggons und im Freien benutzte Gegenstände aus Holz	13—16

Quelle: Taschenbuch für den Holzfachmann, 1951; Krögers Verlagsanstalt, Hamburg.

2. Die Notwendigkeit der Absperrung des Holzgefüges durch Aufgliederung des Erzeugnisses in Einzelteile und Anordnung dieser Einzelteile so, daß die Faserrichtungen entgegengesetzt verlaufen; dadurch hindern sie sich gegenseitig an unerwünschten Formveränderungen und die je nach Faserrichtung unterschiedlichen Festigkeitseigenschaften des Holzes werden ausgeglichen. Beispiel: Herstellung einer Tür als Füllungstür.

Durch die Erfindung des Furniers[23] und des anschließend entwickelten Sperrholzes wurde:

1. im Absperrfurnier die Möglichkeit des Absperrens durch Aufleimen einer dünnen (2—7 mm starken) Holzschicht mit rechtwinklig zum restlichen Teil des Holzerzeugnisses verlaufender Faser vervollkommnet;

2. im Deckfurnier die Möglichkeit geschaffen, durch das Furnieren mit einer dünnen Schicht (0,5 bis 1,0 mm) besonders edlen oder besonders fehlerlosen Holzes Edelhölzer und andere hochwertige Hölzer sehr sparsam einzusetzen und gleichzeitig geringerwertiges Holz *unter* dem Deckfurnier für die Herstellung hochwertiger Holzerzeugnisse bei gleichzeitiger Erzielung eines einwandfreien Äußeren heranzuziehen.

Außerdem schuf die Sperrholzindustrie in der Furnier- bzw. Tischlerplatte Konstruktionselemente in Plattenform, die den Holzverarbeiter — insbesondere in der Möbelherstellung — in die Lage versetzen, seine Erzeugnisse aus Werkstoffen zu fertigen, deren Gefüge bereits so gestaltet ist, daß sowohl die notwendige Unterbrechung der Holzfaser als auch die Verhinderung des Arbeitens durch Absperren

---

[23] Die Kunst, Furniere — d. h. dünne Holzplättchen — herzustellen, war in Ägypten schon 3000 Jahre vor Christi Geburt bekannt. Sie ging jedoch dann verloren und tauchte erst im Mittelalter wieder auf.

III. Arten des Holzverbrauchs in der Be- und Verarbeitung

gwährleistet ist. Gleichzeitig verbessern die kreuzweise versetzt miteinander verleimten Holzfasern die ungünstigen Festigkeitseigenschaften des Holzes, das als Massivholz quer zur Faser nur geringe Festigkeitswerte aufweist.

Mit der Holzfaserplatte und der Holzspanplatte wurde versucht, durch Auftrennung des heterogenen Holzgefüges in kleine und kleinste Teilchen bis hinunter zum Holzspan bzw. der einzelnen Holzfaser und durch anschließendes Herstellen von Werkstoffen aus einer möglichst gleichmäßig verfilzten und in sich verbundenen Masse dieser Teilchen homogene Holzwerkstoffe — vorläufig meist noch in Plattenform — zu schaffen, d. h. Werkstoffe mit gleichem Ausdehnungskoeffizienten und gleichen Festigkeitseigenschaften in allen Richtungen.

Der Zweck dieser Bemühungen ist:

1. Steigerung der Festigkeitseigenschaften und Verringerung der Streuung der Festigkeitswerte des Materials.

2. Erhöhung der Formbarkeit und damit Erweiterung des Anwendungsbereichs für Holz.

3. Schaffung von Oberflächen, die diese Werkstoffe möglichst unempfindlich gegen mechanische und chemische Einflüsse und gegen Feuchtigkeit machen.

4. Holzeinsparung durch Verwendung geringerwertigen Holzes (Abfall) und durch Entwicklung von Hohlbauteilen (z. B. Röhrenspanplatten, Gitterholz usw.).

Werkstoffe, die in Gestalt von vergüteten Holzwerkstoffen, wie Formholz, Preßlagenholz, Kunstharzpreßholz, Kunstharzschichtholz usw., vorliegen, die u. a. durch Imprägnierung mit Kunstharzen und Zusammenpressen unter gleichzeitigem Erhitzen gegen Feuchtigkeitsaufnahme vollkommen oder nahezu vollkommen geschützt sind, sind in diesem Zusammenhang als eine weitere Verfeinerung und Vervollkommnung der Versuche zu werten, „nicht arbeitendes" und homogenes Material für die Herstellung von Holzfertigwaren zu schaffen.

In das gleiche Gebiet gehört die durch die Entwicklung neuer Leime und moderner Verleimverfahren überhaupt erst ermöglichte Herstellung von sogenannten Verbundplatten (englisch: sandwich-boards). Dies sind Platten, die aus einer Verbindung von Schichten aus Holz oder Holzwerkstoffen mit Schichten aus sonstigem Material, wie z. B. Asbest-Zement, Hartpapier, Aluminiumblech, Kunstharz oder Gummischaum bzw. aus Kombinationen von Holzfaserdämmplatten mit Hartplatten oder Furnieren u. ä., bestehen.

Fast immer ist das Ziel der Verbundplatte die Schaffung einer besonders leichten und dabei festen, torsionssteifen, beul- und knicksicheren Konstruktion (De Havilland Mosquito-Jagdflugzeug).

Diese langsame, aber stetige Entwicklung der Fertigungsmethoden der Holzverarbeitung, die vom Verarbeiten des heterogenen Massivholzes wegführt und zur Verwendung möglichst homogener, zusammengesetzter Holzwerkstoffe bzw. Holzkonstruktionen überleitet, hat zur Folge, daß:

1. die Notwendigkeit des Einsatzes mechanischer Hilfsmittel in Form von Maschinen und Vorrichtungen sich stetig verstärkt;

2. die Möglichkeiten zur Verwendung geringerwertigen Holzes für die Herstellung hochwertiger Holzfertigwaren ständig zunehmen;

3. zwischen der Holzbearbeitung als Erzeuger von Holzhalbwaren und der Holzverarbeitung als Hersteller von Holzfertigwaren eine zusätzliche Arbeitsteilung insofern stattgefunden hat, als das Sperrholz, die Holzfaserplatten und die Holzspanplatten usw. Erzeugnisse sind, die dem Holzverarbeiter einen erheblichen Teil jener Konstruktionsarbeit abnehmen, die gegen das Quellen und Schwinden und gegen die von der Faserrichtung abhängigen Festigkeitsschwankungen des Holzes gerichtet ist und die er früher im eigenen Betrieb im wesentlichen selbst durchzuführen hatte.

bb) Zur Problematik der Holzabfälle

Das Problem des Abfallholzes besteht:

1. in der Verhütung bzw. Verminderung des Entstehens von Holzabfällen bei der Verarbeitung;

2. in der Verwertung von Holzabfällen.

Während die Verwertung von Holzabfällen in nennenswertem Umfang vorerst nur außerhalb der Holzverarbeitung in der Papier-, der Holzfaser- und der Holzspanplattenindustrie durch Herstellung von Holzschliff, Zellstoff, Holzfaser- und Holzspanplatten, Formteilen aus Holzspänen oder Holzfasern usw. wirtschaftlich ist, ist die Verhütung bzw. Verminderung des Verschnittes bei der Verarbeitung eine Angelegenheit der Holzverarbeitung selber.

Die wichtigsten Maßnahmen hierzu sind:

1. Zweckmäßiger Einkauf, der die Abmessungen und die Qualität der benötigten Holzhalbwaren den erforderlichen Abmessungen und Anforderungen der anzufertigenden Erzeugnisse anpaßt.

2. Einwandfreie Pflege der Holzhalbwaren, um das Entstehen von zusätzlichen Mängeln während der Lagerung und Trocknung zu verhüten.

3. Vereinheitlichung des Produktionsprogrammes im einzelnen Betrieb und Normung der Erzeugnisse und Erzeugnisteile, um die Anforderungen an das Rohmaterial möglichst konstant zu halten, was seinerseits den Einkauf zweckentsprechender Holzhalbwaren erleichtert.

4. Abfallsparende Verarbeitungsverfahren, Werkzeuge und Maschinen zur Erzielung holzsparender Zerspanung.
5. Anwendung abfallverhütender Konstruktionen bzw. Modelle.

c) *Betriebsformen und Kostenstruktur der Holzverarbeitung*
Charakteristisch für die Holzverarbeitung ist
1. das Überwiegen des Klein- und Mittelbetriebes,
2. der hohe Anteil handwerklich arbeitender Betriebe,
3. das relativ häufige Vorkommen von gemischten Betrieben, die vor allem auftreten als verschiedenste Kombinationen von holzbearbeitenden Betrieben, Betriebsteilen und Werkstätten mit holzverarbeitenden Werken (z. B. Sägewerk und Möbelfabrik mit Tischlerplattenfertigung), aber auch als Verbindungen mit branchenfremden Betrieben (Baugeschäft) oder Handelsunternehmungen (Holz- und Baustoffhandlung).

Die Kostenstruktur und das daraus resultierende betriebswirtschaftliche Verhalten der einzelnen Unternehmen ist deshalb nicht nur regional in Abhängigkeit von den jeweiligen Material- und Lohnkosten, sondern auch von Branche zu Branche bzw. von Betrieb zu Betrieb sehr unterschiedlich. Als Beispiel sei ein Vergleich der Kosten in der US-amerikanischen und in der westdeutschen Möbelindustrie gebracht:

Kostenstruktur[1] der Möbelfertigung
im Bundesgebiet und in den USA 1949/50
Basis: Küchenbüffet

Kostenart	USA		Bundesgeb.
	Großserie	Kleinserie	Großserie
	Kosten in Prozent des Ab-Werk-Preises		
Materialkosten	38	26	43
Fertigungslohn	21	26	13
Fertigungsgemeinkosten	19	16	19
Verwaltungs- und Vertriebsgemeinkosten	15	18	17
Gewinn (einschließlich Wagnis und Gewinnsteuer)	7	14	8
Insgesamt	100	100	100
Arbeitszeitaufwand in Stunden	16	27	23
Fertigungsgemeinkostenzuschlag in Prozent auf den Fertigungslohn ...	91	62	146

[1] Die Zahlen dieser Tabelle basieren auf Stichproben, nicht auf Totalerhebungen.

Quelle: v. Wieser, Versuch eines Kostenvergleichs zwischen der deutschen und der US-amerikanischen Möbelindustrie, Holztechnikum Rosenheim, 1949/50.

Der Materialanteil am Ab-Werkpreis ist in Westdeutschland höher als in den USA[24], besonders im Vergleich zur nordamerikanischen Kleinserien-Fertigung, während der Lohnanteil um 40 bis 50 % geringer ist als in den Vereinigten Staaten. Dabei liegt der Arbeitszeitaufwand in Westdeutschland fast ebenso hoch wie in der nordamerikanischen Kleinserien-Fertigung und fast um die Hälfte höher als in der Großserien-Fertigung der USA. Daraus folgt, daß die westdeutsche Möbelindustrie den Problemen des Materialeinkaufs, der Materialausnutzung und Materialverarbeitung wesentlich mehr Aufmerksamkeit widmet als der Frage der Rationalisierung des eigentlichen Fertigungsablaufes, während in den Vereinigten Staaten größeres Gewicht auf möglichst weitgehende Einsparung von Arbeitszeit gelegt werden muß. Eine 10%ige Einsparung von Arbeitszeit ergibt in Westdeutschland eine Verbilligung des Erzeugnisses um nur etwa 2 %, während dieselbe Einsparung bei den Materialkosten eine dreimal größere Auswirkung auf den Endpreis der Erzeugnisse hat. In dem niedrigen Anteil der Fertigungslohnkosten am Endpreis in Westdeutschland — trotz relativ hohen Arbeitszeitaufwandes — drückt sich die verhältnismäßig niedrige Bezahlung des Arbeiters im Vergleich zu den USA aus. Hierin liegt einer der Gründe dafür, daß die Möbelindustrie in den Vereinigten Staaten darauf bedacht sein muß, durch modernste Fertigungsmittel und Fertigungsverfahren[25] Arbeitszeit und Arbeitslohn zu sparen.

IV. Der Ausgleich zwischen Holzaufkommen und Holzkonsum in der Welt

1. Allgemeine Aspekte des Ausgleiches

Die im Weltholzhandel bewegten Mengen sind, gemessen an dem jeweiligen Inlandsaufkommen bzw. im Vergleich zum Verbrauch, relativ gering.

Bedenkt man, daß das Eigenaufkommen an Holz in den verschiedenen Gebieten sehr unterschiedlich ist und berücksichtigt man die große Rolle, die Holz im menschlichen Leben spielt, so muß der relativ geringe Anteil überraschen, den der Weltholzhandel an der Holzproduktion der Welt hat. Er läßt darauf schließen, daß eine weitgehende Anpassung des Verbrauchs an das jeweilige Inlandsangebot möglich ist. Man kann hierfür verschiedene Möglichkeiten anführen:

---

[24] Man beachte, daß in den USA im Vergleich zu Westdeutschland wesentlich mehr Laubholz verarbeitet wird. Auch Blindholz und die Tischlerplatten-Mittellagen werden vorwiegend aus Laubholz gefertigt.

[25] In der US-amerikanischen Möbelfertigung werden die Einzelteile so vorgefertigt, daß beim Zusammenbau nur minimale Mengen an Nacharbeit notwendig sind. Man fand bei einem Betrieb von 400 Beschäftigten nur 6—8 Holzhobel.

IV. Ausgleich zwischen Holzaufkommen und Holzkonsum der Welt

1. Anpassung der Verbrauchsgewohnheiten an das Eigenaufkommen.
Beispiele: Bauen mit anderem Baumaterial als Holz. Heizen mit Stroh in der holzarmen Ukraine oder mit Tiermist in Nordafrika.

2. Ausweichen auf andere Stoffe.
Beispiele: Herstellung von Papier aus Faserrohstoffen außerhalb des Holzsektors. Verwendung von Betonschwellen statt Holzschwellen im Eisenbahnoberbau[26].

3. Holzeinsparung.
Beispiele: Verwertung von Abfallholz zur Herstellung von Werkstoffen auf Holzbasis. Vergrößerung der Ausbeute durch rationelle Bearbeitungsverfahren (Verwendung dünnerer Gattersägen).

Die Struktur des Welthandels[1] mit Holz und Holzerzeugnissen im Jahre 1950

Sortiment	Exportanteil an der Produktion in vH	Import in Mill. $	Anteil in vH
Unbearbeitetes bzw. wenig bearbeitetes Holz			
Brennholz (einschl. Sägespäne und Holzkohle)	0,3	9,4	0,4
Faserholz	6,7	52,8	2,1
Grubenholz	14,7	29,2	1,2
Säge- u. Furnierrundholz	1,3	96,8	3,9
davon: Nadelholz	0,6	27,1	1,1
Laubholz	3,4	69,7	2,8
Behauene Schwellen, Masten und Pfähle	7,8	29,3	1,2
Bearbeitetes Holz			
Schnittholz[2]	16,0	722,6	29,2
davon: Nadelholz	17,5	581,1	23,5
Laubholz	9,6	141,5	5,7
Furniere und Sperrholz	12,1	73,7	3,0
Holzfaserplatten	12,3	27,9	1,1
Zellstoff und Holzschliff	18,5	585,7	23,6
Papier und Pappe	18,7	850,2	34,3
Durchschnitt bzw. Summe	11,9[3]	2477,6	100,0

[1] Ohne UdSSR und die Ostblockstaaten. — [2] Einschließlich Kistenbretter. — [3] Umgerechnet auf Rohholz-Einheiten.

Quelle: FAO, Statistisches Jahrbuch der Forsterzeugnisse 1951, berechnet nach den Außenhandelsstatistiken der Staaten, die der FAO Meldungen erstatten.

---

[26] Die FAO schätzt, daß in Europa in der Zeit von 1950 bis 1960 der Anteil der Betonschwelle an der Gesamtmenge der im europäischen Eisenbahnoberbau liegenden Schwellen von 2 % auf 5 % steigen wird, so daß 25 Mill. Holzschwellen durch Betonschwellen ersetzt werden.

4. Vergrößerung des Eigenaufkommens an Holz.

Beispiele: Neu- und Wiederaufforstung. Anbau raschwüchsiger Holzarten wie Pappel, Douglasie u. ä. Steigerung des Holzertrages je Hektar Waldfläche durch Aufklärung und Anleitung des Kleinwaldbesitzes.

5. Verlängerung der Lebensdauer von Holzerzeugnissen durch Holzschutz.

Beispiel: Die Tränkung von Eisenbahnschwellen mit Teeröl ergibt bei Buchenschwellen eine Lebensdauer von 40, bei Kiefernschwellen eine Lebensdauer von 30 Jahren gegenüber 3—5 bzw. 6—7 Jahren bei ungetränkten Schwellen.

6. Internationaler Ausgleich durch Handel.

Gemäß der bisherigen Struktur des Holzkonsums in der Welt liegen die größten Möglichkeiten zur Anpassung des Bedarfes an das Angebot

in der Energie- und Wärmewirtschaft,

im Bauwesen,

in der Erhöhung der Ausbeute bei der Be- und Verarbeitung,

in der Verwertung von Holzabfällen.

2. Die Abfallverwertung

Die Erhöhung der Ausbeute bei der Be- und Verarbeitung von Holz und Holzhalbwaren und die Verwertung von Holzabfällen verdienen in diesem Zusammenhang eine besondere Betrachtung.

Die im Laufe der Be- und Verarbeitung von Holz und Holzhalbwaren entstehenden Verluste kann man in *Wertverluste*, die durch unsachgemäße Behandlung des Holzes entstehen, und in *Mengenverluste* einteilen.

Mengenverluste bei der Bearbeitung von Holz

Art	Entstehungsweise
Schwundverluste	ergeben sich durch das Schwinden des Holzes beim Trocknen
Lagerungs- und Transportverluste	entstehen durch Reißen, Zerbrechen u. ä. beim Transport und bei der Lagerung
Formverluste	entstehen infolge der Stammform (Abholzigkeit = Verjüngung des Stammes zum Wipfel zu, etwaige Stammkrümmungen usw.) als Schwarten, Abschnitte, Restrollen, Säumlinge (Spreißel)
Bearbeitungsverluste	entstehen durch Zerspanung beim Bearbeitungsvorgang in Gestalt von Säge-, Hobel-, Fräs-, Bohr- und sonstigen Spänen, Splittern usw.
Aufteilungsverluste	entstehen dadurch, daß Bretter, Bohlen, Furniere, Sperrholzplatten usw. sich beim Zuschneiden nicht restlos aufteilen lassen, so daß Abschnitte entstehen, die nicht weiter zu verwenden sind

IV. Ausgleich zwischen Holzaufkommen und Holzkonsum der Welt

Man rechnet bei Schnittholz im allgemeinen mit einer Ausbeute von 65 bis 70 % des Rundholz-Einsatzes[1]. Die bei der Weiterbearbeitung von Holzhalbwaren anfallenden Mengenverluste sind ebenfalls beachtlich. So ergibt sich nach einer Berechnung des Holztechnikums Rosenheim für die Herstellung von Leisten und Platten aus unbesäumten 25 mm dicken Brettern folgendes Bild:

Erzeugnis	Abmessungen in cm	Im Enderzeugnis enthaltene Holzmenge in cbm	Schnittholzbedarf für die Herstellung in cbm	Rundholzbedarf für die Herstellung in fm	Ausbeute in vH des Rundholzeinsatzes
10 000 Stck. Leisten ..	1000 × 0,5 × 2	1	3,6	5,1	20
1 000 Stck. Leisten ..	1000 × 5 × 2	1	1,8	2,6	39
250 Stck. Platten .. (unverleimt)	1000 × 20 × 2	1	1,7	2,4	42

In Westdeutschland rechnet man bei der Herstellung von Holzhalbwaren, Holzschliff und Zellstoff in der Regel mit folgenden mittleren Ausbeute-Ergebnissen:

Holzhalbware	Ausbeute in vH des Rohholzeinsatzes
Schnittholz[1]	65—70
Furniere	45—50
Sperrholz	40
Weißer Holzschliff	80—85
Brauner Holzschliff	
aus Fichte	65—70
aus Kiefer	ca. 55
Halbzellstoff[1]	75—85
Zellstoff[1]	45—50

[1] Nach F. Kollmann.

Holzeinsparungen können erzielt werden durch:
  Ausweichen auf anderes Material;
  Verwendung schwächerer Querschnitte, holzsparender Konstruktionen u. ä.;

---

[1] Nach Kollmann betrug in Deutschland die mittlere Ausbeute im Durchschnitt der Jahre 1910—1913 60 %. Sie stieg durch Rationalisierung der Sägewerkstechnik 1925/29 auf 62 % und auf 68 % im Zeitraum von 1945 bis 1949. Weitere Steigerungen sind nicht zu erwarten; da in Zukunft mit geringeren Stärkeklassen beim Rundholz zu rechnen ist, könnte sogar ein Rückgang eintreten.

Vergrößerung der Ausbeute durch rationellere Bearbeitungsverfahren;
Verwertung von Abfallholz zur Herstellung von Werkstoffen.

Eine Untersuchung des RKW, München, hat ergeben, daß bei 40 westdeutschen Möbelfabriken, von der Holzhalbware aus gerechnet, die durchschnittliche Ausbeute 45 % betrug, wobei durch zweckmäßige Einteilung des Holzes, gute Holzpflege, zartere und geeignete Konstruktion, betriebseigene Normen und rationelle Bearbeitungsverfahren die Ausbeute sich von 45 auf 70 % steigern ließe. Nach diesen Berechnungen würde sich in der westdeutschen Möbelindustrie allein eine Einsparung von ca. 400 000 cbm an Schnittholz, Sperrholz und Furnieren im Jahr ergeben.

Auch die Verwendung von Abfallholz zur Herstellung von Werkstoffen aller Art kann beachtliche Mengen an Holzhalbwaren zusätzlich ergeben. So wurden in der westdeutschen Holzfaserplattenindustrie im Jahre 1951 0,35 Mill. rm Abfallholz verwertet. Die westdeutsche Holzspanplattenindustrie wird nach Fertigstellung aller begonnenen Bauvorhaben bei voller Kapizitätsausnutzung etwa 0,3 Mill. rm solcher Holzabfälle aufnehmen können.

Für die Herstellung von Werkstoffen, wie Holzfaserhart-, Holzfaserdämm-, Holzspan- und Leichtbauplatten, lassen sich vorwiegend nur großstückige Holzabfälle (sie werden hierzu in der Regel besonders zerspant) verwenden. Eine mengenmäßig ernstzunehmende Verwertung von kleinstückigem Holzabfall, wie Säge-, Hobel- und Frässpänen, zur Herstellung von Werkstoffen ist lange Zeit über geringste Anfänge nicht hinausgekommen (Verwendung als Streu an Stelle von Stroh, Mineralholzplatten, Beimischung zu verschiedenen Leichtbauplatten, Fußbodenmassen, Holzverzuckerung, Briketterzeugung usw.). Erst in neuester Zeit beginnen sich erste Erfolge in der Herstellung von Formkörpern aus plastisch fließenden Holzspanpreßstoffen abzuzeichnen, die aus Sägespänen gewonnen werden.

3. Holzschutz als Mittel der Holzeinsparung

Holz und Erzeugnisse aus Holz haben nicht nur wegen des Verschleißes, dem sie durch den Gebrauch ausgesetzt sind, eine beschränkte Lebensdauer, sondern auch wegen der Gefährdung durch pflanzliche und tierische Schädlinge sowie durch Feuer.

Der Holzschutz hat zum Ziel, Holz und Erzeugnisse aus Holz durch Anwendung von chemischen Schutzmitteln gegen diese Gefährdung zu schützen. Je nach dem Zweck des Schutzes unterscheidet man:
1. Schutz gegen pflanzliche Schädlinge,
2. Schutz gegen tierische Schädlinge,
3. Feuerschutz.

Da es bei den pflanzlichen Schädlingen in den Bläuepilzen eine Schädlingsgattung gibt, die lediglich das Aussehen des Holzes beeinträchtigt, ohne seine chemischen oder mechanischen Eigenschaften wesentlich zu beeinflussen, kann man zum Holzschutz im weiteren

Sinne auch Maßnahmen zur Erhaltung des Aussehens durch richtige Trocknung, Wasserlagerung, Besprühung mit Wasser u. ä. zählen.

Bei den tierischen Schädlingen bilden in den Tropen die Termiten das Hauptproblem, in Küstengebieten bei Wasserbauten die Holzbohrmuschel, in Mitteleuropa der Hausbock.

Für den Holzschutz stehen zahlreiche chemische Holzschutzmittel der verschiedensten Art und Zusammensetzung zur Verfügung. Grundsätzlich wird bei derartigen Schutzmitteln

1. eine möglichst hohe schädlingswidrige Wirkung,
2. große Eindringtiefe in das Holz,
3. erschwerte Auslaugbarkeit,
4. dauerhafte Schutzwirkung,
5. Unschädlichkeit für die Holzfaser,
6. Neutralität gegenüber Metall, Mauerwerk, Beton usw.,
7. Unschädlichkeit für Mensch und Tier,
8. Geruchlosigkeit,
9. Billigkeit

angestrebt.

Dabei darf die Brennbarkeit des Holzes möglichst nicht erhöht werden. Das Schutzmittel muß streich- und spritzbar sein.

Die verschiedenen Holzschutzmittel können je nach ihrer Zusammensetzung sehr verschiedene Eigenschaften und Kombinationen von Eigenschaften haben.

Besonders weit verbreitet ist bei Eisenbahnschwellen und Masten die Teeröltränkung[2] als Schutz gegen Fäulnis, während im Bauwesen usw. Salzen und öligen Schutzmitteln die größere Bedeutung zukommt.

Der Holzschutz hat eine beträchtliche volkswirtschaftliche Bedeutung, nicht zuletzt in Anbetracht des steigenden Holzkonsums in der Welt, weil er die Lebensdauer von Holzerzeugnissen nicht unwesentlich verlängern kann.

So z. B. hat eine Eisenbahnschwelle — nicht imprägniert — eine Lebensdauer, die bei Buche 3—5, bei Eiche 12—15, bei Kiefer 6—7 Jahre beträgt, mit Kohlenteeröl im Druckkessel nach dem Sparverfahren imprägniert dagegen bei Buche 40, bei Eiche 25—30, bei Kiefer 30 Jahre (Lebensdauer = mittlere Liegezeit im Eisenbahnoberbau). Die voraussichtliche Mindestlebensdauer einer 1936 erbauten, mit Kreosot imprägnierten Holzbrücke in Ontario (Kanada) wird amtlicherseits auf 50 Jahre geschätzt.

Nach Kollmann gehen der deutschen Holzwirtschaft jährlich 4 bis 4½ Mill. fm durch Fäulnis und Insektenfraß verloren. In den USA wurde 1920 der jährliche Holzausfall durch Fäulnis allein auf 43 Mill. fm geschätzt und in Schweden der jährliche Verlust an Nutzholz durch Fäulnis im Jahre 1949 auf 1,4 Mill. fm veranschlagt.

Am verbreitetsten ist die Imprägnierung von Holz bei Schwellen, Masten und Pfählen, Wasserbauten und Holzpflaster. Noch relativ

---

[2] In Westdeutschland geübt seit 1880.

Die Einbringungsverfahren für Holzschutzmittel

Verfahren	Art
Streichen und Spritzen[1]	Schutz der Holzoberfläche gegen das Eindringen von Schädlingen oder zur Erzielung von Schwerentflammbarkeit durch Aufsprühen oder Aufstreichen des Holzschutzmittels auf die Holzoberfläche
Kurztauchen	Kurzfristiges Eintauchen in die Schutzflüssigkeit. Wird insbesondere in den USA und Schweden als Schutz gegen das Verblauen oft angewendet
Trogtränkung	Langfristiges Lagern in der Schutzflüssigkeit. Bei der Einstelltränkung — einer Abart der Trogtränkung — wird nur der besonders gefährdete Teil eingetaucht gehalten (Masten, Pfähle)
Kesseldrucktränkung	Bei Volltränkung wird durch Herstellung eines Vakuums im Druckkessel Luft und Wasser aus dem Holz entfernt, wonach das Schutzmittel durch Überdruck in das Holz eingepreßt wird. Bei der Spartränkung wird durch nachfolgende Erzeugung eines Vakuums das überschüssige, in den Zellhohlräumen befindliche Holzschutzmittel wieder entfernt (Einsparung gegenüber Volltränkung je nach Holzart 55 bis 80 %)
Diffusionstränkung	Bestreichen der Holzoberfläche mit einer dicken Schicht einer Schutzmittelpaste. Das in der Paste enthaltene Wasser dringt gemischt mit den Wirkstoffen des Schutzmittels durch Diffusion in das Holzinnere
Saftverdrängung	Das unentrindete Rundholz wird zum Zopfende leicht geneigt gelagert und am Stammende mit einer Verschlußkappe versehen. Die Tränkungsmittelzuführungsleitung wird zu der Verschlußkappe geführt und das Schutzmittel mit dem Druck von 1 Atü in den Stamm gedrückt, wobei der Saft des Holzes am Zopfende herausgepreßt wird
Lebendtränkung	Dieses Verfahren ist noch im Versuchsstadium. Die wasserlöslichen Schutzmittel sollen mittels des im lebenden Baum aufsteigenden Saftstromes in den Holzkörper eingebracht werden
Sonderbehandlung von Gefahrenstellen	Dem Holz werden an durch Schädlinge besonders gefährdeten Stellen reichlich und nachhaltig Schutzmittel zugeführt. Man unterscheidet dabei das Bandagenschutz-Verfahren und das Bohrloch-Verfahren. Im ersteren Fall erfolgt die Tränkung durch eine das Schutzmittel enthaltende Bandage (z. B. Schutz von Telegraphenstangen in der Erd/Luftzone), im letzteren Falle durch Einführung des Schutzmittels in hierzu besonders angebrachte Bohrlöcher

[1] Zu diesem Verfahren könnte man auch in letzter Zeit entwickelte feuerabweisende Anstrichfarben zählen.

wenig angewandt wird sie im Bausektor, mit Ausnahme von Schweden und USA[3], wo wesentlich mehr als in der übrigen Welt für den Schutz von Holz gegen Schädlinge getan wird[4] (in Deutschland hat die Imprägnierung von Dachstühlen und Balkendecken in letzter Zeit ebenfalls erheblich zugenommen).

Eine besondere Bedeutung hat der Holzschutz im Bergbau. Wenn es in Westdeutschland gelang, den Grubenholzverbrauch je 1000 t geförderte Kohle von 34 auf 27 bis 28 fm herabzudrücken, so wurde dies nicht zuletzt durch Schutz des Grubenholzes gegen Fäulnis und tierische Schädlinge (Grubenholzkäfer) erreicht. Man hat festgestellt, daß alles Holz, das im Wetterstrom von 87 % relativer Luftfeuchtigkeit über $1/2$ Jahr steht, geschützt werden sollte.

In manchen Ländern sind Richtlinien amtlichen oder auch halbamtlichen Charakters für die Prüfung von Holzschutzmitteln auf ihre Brauchbarkeit ausgearbeitet worden. Dies hat sich als notwendig erwiesen, um den Holzschutz durch das Auftauchen untauglicher Schutzmittel nicht in Mißkredit zu bringen, weil die Tauglichkeit bzw. der Wert eines Holzschutzmittels sich erst geraume Zeit nach der Anwendung herausstellt.

Zahlreiche überseeische Hölzer sind wegen ihres hohen Gehalts an Alkaloiden, Öl, Harz oder Tannin auch ohne Imprägnierung sehr widerstandsfähig gegen Fäulnis oder Befall durch tierische Schädlinge usw. Dazu zählen die amerikanische Rotzeder, Teakholz, verschiedene Eucalyptusarten, Bongossi, Quebracho, Pockholz, Pitchpine, Zapatero und viele andere. (Insbesondere sind in der Familie der Legominosae viele Arten von hoher natürlicher Widerstandsfähigkeit.)

4. Kunststoffe als Ersatz für Holz

Es erhebt sich die Frage, welche Aussichten die sich seit längerer Zeit immer stürmischer entwickelnde Kunststoffindustrie hat, den Rohstoff Holz auf denjenigen Gebieten, wo der Holzkonsum bisher mengenmäßig besonders zu Buche schlug, zu verdrängen — d. h. im Bausektor und auf dem Gebiet der Verpackungsmittel, wie Kisten und Fässer —, so daß dadurch nennenswerte Holzmengen für anderweitige Verwendung frei würden.

Es ist sehr schwer vorauszusehen, welche Zukunftsmöglichkeiten im Kunststoffsektor schlummern. Soweit man es zur Zeit schon über-

---

[3] In den USA geht die Statistik der Holzschutzindustrie bis zum Jahre 1909 zurück. Danach wurden dort in der Zeit von 1909 bis 1949 insgesamt 260 Mill. m³ Holz mit Schutzmitteln behandelt. Bei Annahme einer dadurch durchschnittlich verfünffachten Lebensdauer bedeutet dies eine Holzeinsparung von 1,04 Mrd. m³.

[4] In der Deutschen Demokratischen Republik (sowjetische Besatzungszone) besteht seit dem 27. 9. 1951 eine gesetzliche Imprägnierungspflicht für alles im Freien verwendete Holz. Ob diese Bestimmung konsequent durchgeführt wird bzw. mangels Imprägnierungsmöglichkeiten überhaupt durchgeführt werden kann, ist nicht bekannt geworden.

blicken kann, sind Kunststoffe vorerst nur auf zwei Gebieten ein ernsthafter Konkurrent für Holz, und zwar:

1. In der Herstellung von Gebrauchsgegenständen (Büroartikel, Hausgerät, technische Bestandteile u. ä.), d. h. solcher Erzeugnisse, deren Herstellung aus Holz entweder mit einem hohen Verschnitt belastet ist oder wo die mechanischen und chemischen Eigenschaften des Holzes den Gebrauchswert des betreffenden Gegenstandes beeinträchtigen (Härte, Säurefestigkeit, Abriebfestigkeit usw.). Hier wirkt sich der Vorteil, Kunststoffe spanlos durch Gießen, Pressen, Biegen usw. verformen zu können, besonders aus.

2. In der Herstellung von Platten und Belägen aller Art, d. h. auf einem Gebiet, wo einerseits wiederum die Steuerbarkeit der mechanischen und chemischen Eigenschaften von Kunststoffen sich zu ihren Gunsten auswirkt und wo darüber hinaus die Möglichkeit einer beliebigen Farbgebung und Oberflächengestaltung praktisch fast unbegrenzt vorliegt.

Dagegen ist der Massenkonsum von Holz — nämlich die Verwendung des Holzes als reiner Baustoff und als Rohstoff für die Erzeugung von Verpackungsmitteln, wie Kisten, Fässern usw. — zunächst durch die Kunststoffe noch relativ wenig gefährdet, weil die Herstellungskosten von Kunststoffen ihren Verbrauch dort, wo die Materialkosten gegenüber den Fertigungskosten wesentlich überwiegen, vorläufig noch verhindern.

Der Massenkonsum von Holz erscheint erst dann gefährdet, wenn es der Kunststoffindustrie gelingt, künstliche Werkstoffe mit in weitem Umfang steuerbaren Eigenschaften in größeren Mengen so billig herzustellen, daß die Relation Materialkosten : Fertigungskosten auch für material-intensive Fertigungen unter Berücksichtigung der Lebensdauer sich günstiger gestaltet als bei Holz.

5. Altpapier in der Holzeinsparung

Eine wichtige Rolle in der holzwirtschaftlichen Abfallverwertung spielt das Altpapier, weil man es mit Erfolg als Ersatz für Zellstoff und Holzschliff den Rohstoffen bei der Papier- und Pappenfabrikation beimischen kann.

So deckt Altpapier gut ein Drittel des Rohstoffverbrauchs der US-amerikanischen Papier- und Pappefabriken. Von 1949 bis 1951 stieg der US-amerikanische Altpapierverbrauch von 4 Mill. t auf 9 Mill. t jährlich. Dadurch wurden z. B. im Jahre 1944 rund 36 % des gesamten Papier- und Pappekonsums für die Neuerzeugung von Papier und Pappe wiedergewonnen. In Westdeutschland bestand 1951 ein Viertel des Rohstoffeinsatzes der Papiererzeugung aus Altpapier. Im übrigen werden Altpapierwolle und Altpapierschnitzel als Ersatz für Holzwolle auch direkt für Verpackungszwecke gebraucht.

IV. Ausgleich zwischen Holzaufkommen und Holzkonsum der Welt

Die Rückgewinnung gebrauchter Papiere und Pappen für die Deckung des Rohstoffbedarfes der Papiererzeugung der Welt ist vorwiegend ein Problem der Erfassung. Die billigen Altpapiersorten — alte Magazine, Zeitschriften und Zeitungen — machen 85 % des Altpapierangebots aus und werden in privaten Haushalten, Gaststätten usw. aufgekauft. Der Anfall von Altpapier beim Altpapierhandel schwankt insbesondere in den schlechteren Sorten stark. Der Preis für Altpapier ist eng geknüpft an das Preisniveau für Faserholz, Zellstoff und Holzschliff, das erheblichen Schwankungen unterliegt. Der Aufkäufer (Lumpensammler), der diese Erfassungsarbeit in den Haushalten, Gaststätten usw. hauptsächlich leistet, ist bei schlechten Preisen in der Lage, sich auf das Sammeln sonstiger Altstoffe, die sich besser rentieren, oder z. B. auf den Straßenverkauf geeigneter Artikel, wie Obst usw., umzustellen, wodurch dieser Teil des Altpapierangebotes häufig schlagartig sinkt.

Die besseren Altpapiersorten fallen dagegen in Büros, Druckereien, Verlagen und Papierverarbeitungsbetrieben an. In diesen Sorten ist der Anfall relativ konstant, weil die Erfassung nicht über den Straßenhändler (Lumpensammler), sondern in der Regel direkt über den Altpapiergroßhändler erfolgt.

Beim Altpapiergroßhandel konzentriert sich der Altpapieranfall und wird in der Regel die Sortierung in die verschiedenen Sorten und unter Umständen die Reinigung und Befreiung von Beimischungen[5] (Unrat usw.) vorgenommen. Die Sortierung erfolgt dabei:

1. nach der Rohstoffzusammensetzung des Altpapiers, z. B.
   Natronpapiersäcke,
   Lederpappenabfälle,
   holzfrei Druck,
   Hollerithkarten usw.,
2. nach der Farbe, wie z. B.
   unsortierte Briefumschlagspäne,
   nach Farben sortierte Briefumschlagspäne,
   naturfarbige Briefumschlagspäne,
3. nach beiden Gesichtspunkten zugleich, wie z. B.
   holzhaltige Briefumschlagspäne nach Farben sortiert usw.

---

[5] Die modernen Spezialpapiere und Pappen enthalten heute in steigendem Maße Beimischungen von Kunststoffen, Kunstleimen und Farben, die mit den üblichen Verfahren nicht auflösbar sind. Ein immer größerer Anteil der angelieferten Altpapiere ist dadurch zur Wiederverwendung in der Papierfabrikation ungeeignet. Daraus ergibt sich neuerdings für den Altpapierhandel das Problem, ständig steigende Mengen, die gemischt mit brauchbarem Altpapier angeliefert werden, bezahlen, aussortieren und als unverwendbar vernichten zu müssen. Nach Abhilfemöglichkeiten wird zur Zeit (insbesondere in den USA) noch gesucht.

Auf diese Weise sind z. B. in Westdeutschland neben zahlreichen Sondersortimenten 29 verschiedene Altpapiersorten handelsüblich. Bemerkenswert ist, daß Altpapier auch international gehandelt wird.

V. Die internationalen Handelsbeziehungen auf dem Holzmarkt

Soweit eine Anpassung des Konsums an das vorhandene Inlandsangebot nicht möglich ist, müssen die fehlenden Holzmengen eingeführt werden.

Dabei pflegt das jeweilige Exportland Holzerzeugnisse möglichst hohen Veredelungsgrades zu bevorzugen (siehe Tabelle Seite 79), sowohl wegen des leichteren Transportes als auch wegen des höheren Exporterlöses. Die nachstehende Zahlenübersicht zeigt die sich allmählich vollziehende Verschiebung des Holzexports nach den Erzeugnissen mit höherem Veredelungsgrad in den europäischen Holzexportländern für die Zeit von 1913 bis 1951 sehr deutlich. Dazu sei bemerkt, daß der Anstieg des Exports von unbearbeitetem Holz in Finnland durch den Ausfall der UdSSR und der baltischen Staaten als Lieferanten von Gruben- und Faserholz verursacht wurde. Bei den hohen Rundholzexporten Westdeutschlands im Jahre 1947 handelte es sich um Zwangsexporte im Zusammenhang mit dem Verlust des letzten Krieges. Nur rund ein Zehntel der Umsätze des Weltholzhandels wird in unbearbeitetem bzw. wenig bearbeitetem (Roh-)Holz getätigt. Hierbei ist der Anteil des international gehandelten Grubenholzes an der Produktion am höchsten (siehe Tabelle Seite 69), weil hier ein Ausweichen auf andere Stoffe infolge der besonderen Eignung des Holzes nur schwer möglich ist und das Grubenholz notgedrungen dahin fließen muß, wo sich die Kohlen- bzw. Erzvorkommen befinden. Dies trifft natürlich nicht immer mit den Holzstandorten zusammen (z. B. England)[1].

Soweit Rohholz in größeren Mengen international gehandelt wird, erfolgt dies häufig auch auf dem Kompensationswege oder als Veredlungsgeschäft (z. B. Kohle — Grubenholz; Zellstoff oder Papier — Faserholz usw.).

Vom Rohholzwelthandel machen Furnierrundhölzer (hier vor allem die Hölzer aus den Tropen), die kostenmäßig weite Transporte vertragen, rund ein Viertel bis ein Drittel aus.

Der Holzexport konzentriert sich auf wenige Holzüberschußgebiete und der Import vor allem auf Länder mit geringem Eigenaufkommen an Holz.

Die nachstehende Tabelle (Seite 80/84) gibt eine Gesamtübersicht über die Handelsbeziehungen auf dem Weltmarkt mit Holz und Holzerzeug-

---

[1] Das waldreiche Belgisch-Kongo führt wegen Transport- und Nutzungsschwierigkeiten in den eigenen Wäldern sowohl Gruben- als auch Brennholz aus Nordrhodesien ein.

V. Internationale Handelsbeziehungen auf dem Holzmarkt

Strukturwandel im europäischen Holzexport

Holzexport umgerechnet[1] auf Rohholzeinheiten in Mill. fm

Sortiment	Unbearbeitetes Holz									Bearbeitetes Holz								
Land \ Jahr	1913	1920	1922	1927	1932	1938	1947	1950	1951	1913	1920	1922	1927	1932	1938	1947	1950	1951
Insgesamt	20,9[2]	7,0[2]	13,2[2]	25,1[2]	12,7[2]	11,4	10,0[3,4]	8,4[3,4]	9,3	54,6[3,5,6,7]	33,5[3,6,7]	45,6[3,7]	67,1[3,7]	52,5[3,7]	54,5[3]	34,2[3,4,8]	53,5[4,8]	51,1
darunter:																		
Frankreich	1,4	1,3	1,7	1,7	0,4	0,8	0,5	1,4	0,9	0,7[9]	0,7	1,0	1,1[9]	0,4[9]	1,2[9]	0,8[9]	3,0	3,4
Deutschland	1,1	1,0	0,8	1,0	1,2	0,1	4,9[9]	1,3[9]	0,6[9]	3,0	2,7	2,6	3,2	3,1	1,3	3,4[9]	1,5[9,10]	1,5[9]
Schweden	1,3	1,0	1,0	1,0	0,5	0,8	0,4	0,6	0,6	14,9	13,6	15,2	17,3	14,1	16,8	14,9	19,5[10]	19,2
Finnland	3,6	1,5	2,3	4,2	1,6	2,8	2,2	3,5	5,5	7,5	7,5	8,9	13,5	11,7	15,0	9,1	12,8	15,3
Polen	—	0[9]	0,6[9]	6,7	0,7	1,1	0	0,2[9]	0,1	—	0,2	4,1	7,3	1,9	3,1	0,5	1,0[9]	.
Österreich	3,7[11]	0	0,2	1,5	0,4	0,6	0,7	0,2	0,6	6,7[11]	1,1	1,4	5,2	2,8	1,6	0,4	4,8	5,1
Jugoslawien	—	0,2[9]	0,3[9]	1,4	0,4	0,4	—	0,9[9]	—	—	0,9	1,2	3,0	1,3	1,7	0,9	1,9	1,6
UdSSR	8,6[12]	0,5[9]	1,0[9]	1,8	4,8	2,2[9]	0,1[9]	0,5[9]	0,3	12,5[13]	0,4[9]	1,4[9]	4,3	9,4	6,8[9]	0,9[9]	2,1[9]	0,5[9]
Export nach Europa aus:																		
USA	0,2[9]	0,2[9]	0,1[9]	0,1	0	0,1	0	0	0,1	2,9[9]	1,9[9]	1,7[9]	2,8[9]	1,8[9]	1,7[9]	3,2[9]	0,9[9]	0,9[14]
Kanada	0,1[9]	0,1[9]	0,2[9]	0	0	1,1	1,0	0,2	1,0	2,9[9]	2,8[9]	1,9[9]	1,5	1,4	5,5	6,7	2,1	2,5[14]

[1] Umgerechnet nach den Umrechnungsfaktoren der FAO, European Timber Statistics 1913—1950, unter Zugrundelegung von gewogenen Durchschnitten bei der Zusammenfassung der einzelnen Länder; berücksichtigt sind: Rundholz, Brennholz, Gruben- und Faserholz, Holzhalbwaren einschließlich Masten und Pfähle, Zellstoff, Holzschliff, Papier und Pappe. — [2] Schweiz ohne Nadelbrennholz. — [3] Schweiz geschätzt. — [4] Griechenland geschätzt. — [5] Dänemark geschätzt. — [6] Italien einschließlich Strohzellstoff. — [7] Belgien und Luxemburg Aufschlüsselung in Holzschliff und Zellstoff für Umrechnung geschätzt. — [8] Portugal: Aufschlüsselung in Zellstoff und Holzschliff für Umrechnung geschätzt. — [9] Geschätzt. — [10] Aufschlüsselung in Holzschliff und Zellstoff für Umrechnung geschätzt. — [11] Österreich-Ungarn. — [12] Kaiserreich Rußland. — [13] Papierexport geschätzt. — [14] Ohne Papier- und Pappenexport, außer Zeitungsdruckpapierexport.

Quelle: FAO, European Timber Statistics 1913—1950, Genf 1953. — Yearbook of Forest Products Statistics, 1952.

Die internationalen Handelsbeziehungen der Weltholzwirtschaft¹ 1950

umgerechnet² auf Rohholzeinheiten in 1000 fm
(Kursivzahlen = Anteil unbearbeiteten bzw. wenig bearbeiteten Holzes in vH)

Exportgebiet → / Importgebiet ↓	Insgesamt	Europa³ insgesamt	Finnland	Frankreich	Jugoslawien	Norwegen	Österreich	Schweden	Nord- u. Zentralamerika insgesamt	darunter Kanada	darunter USA
Gesamtexport lt. Bilanzen der FAO	105 900	54 100	15 890	3 940	2 620	3 230	4 940	19 030	45 800	42 120	3 260
davon aufgeschlüsselt	95 991 / *13*	47 525 / *13*	15 146 / *22*	2 781⁴ / *25*	2 272 / *25*	2 682 / *2*	4 632 / *3*	17 744 / *3*	44 372 / *11*	41 483⁵ / *11*	2 648 / *11*
Europa	41 739 / *16*	37 370 / *16*	12 054 / *25*	2 054 / *30*	1 920 / *29*	2 127 / *3*	4 112 / *3*	13 205 / *4*	2 754 / *9*	2 133 / *9*	562 / *3*
davon: Belgien⁶	2 477 / *21*	2 203 / *19*	759 / *23*	284 / *57*	23 / *17*	103 / —	72 / *28*	781 / —	102 / *4*	46 / —	54 / *7*
Dänemark	2 753 / *7*	2 731 / *7*	1 102 / *2*	57 / *10*	17 / *2*	141 / *7*	28 / *5*	1 468 / *0*	4 / *3*	— / —	3 / —
Westdeutschld.	3 417 / *27*	3 237 / *20*	1 084 / *36*	30 / *30*	78 / *77*	98 / *7*	229 / *18*	1 713 / *7*	97 / *8*	18 / *6*	76 / *9*
Frankreich	3 230 / *15*	3 091 / *14*	967 / *21*	— / —	36 / *36*	257 / —	18 / *77*	1 228 / *7*	90 / *9*	29 / *21*	61 / *2*
Großbritannien	15 322 / *13*	12 017 / *12*	4 307 / *19*	1 232 / *14*	1 060 / *100*	1 206 / *4*	55 / —	3 971 / *6*	2 186 / *9*	1 869 / *8*	285 / *2*
Italien	3 338 / *16*	3 302 / *16*	371 / *30*	14 / *50*	465 / *63*	33 / *6*	1 843 / *2*	465 / *7*	20 / *2*	8 / —	18 / *22*
Niederlande	5 072 / *15*	4 940 / *14*	1 560 / *22*	80 / *176*	63 / —	185 / *3*	484 / —	2 014 / *0*	54 / *5*	27 / *22*	27 / —
Sonstige	6 120 / *30*	5 849 / *30*	1 904 / *47*	46 / *222*	193 / *55*	104 / *10*	1 347 / *2*	1 565 / *11*	202 / *10*	164 / *12*	38 / *4*
UdSSR	365 / *52*	365 / *52*	1 267 / —	56 / *1*	*6*	*134*	.	.	.	.	.
Nord- u. Zentralamerika	43 118 / *12*	3 226 / —	— / —	— / —	— / —	— / —	— / —	1 734 / —	39 383 / *15*	37 978 / *12*	1 256 / *27*
davon: Kanada	744 / *36*	— / —	— / —	— / —	— / —	— / —	— / —	— / —	731 / *36*	— / —	731 / *36*
USA	41 256 / *12*	2 942 / —	1 219 / —	1 / —	6 / —	110 / —	43 / —	1 555 / —	37 830 / *12*	37 780 / *12*	— / —
Sonstige	1 118 / *7*	284 / —	48 / —	— / —	— / —	24 / —	29 / —	179 / —	827 / —	198 / —	525 / —

V. Internationale Handelsbeziehungen auf dem Holzmarkt

Südamerika	3 780[7]	2 219[0]	563	31	182	152	167	1 114	498	271	206
davon:											
Argentinien	1 826[7]	920[0]	322	28	145	74	29	313	5	—	5
Brasilien	847[7]	841	177	—	—	46	66	552	6	3	3
Uruguay	306[5]	134	26	—	5	7	18	78	33	12	21
Sonstige	801[7]	324	38	3	32	25	54	171	454	256	177
Afrika	3 016[6]	2 232[8]	634[22]	648[5]	122	50	124	611	621[7]	415[2]	199
davon:											
Ägypten	779[18]	751[79]	325	7	111	3	60	239	12	—	10
Franz. Nord-afrika	776[4]	754	43[30]	633[5]	7	—	64	18	2	2	—
Südafrik. Union	1 051[2]	527	224	—	4	40	—	232	432[7]	275[2]	152
Sonstige	410[7]	200[1]	55[2]	8	—	7	—	122	175[7]	138	37
Asien	1 673[9]	864[0]	155	6[17]	20	145	152	367	380[2]	104	276[3]
davon:											
Indien	248	160	50	—	—	49	6	52	46	28	18
Japan	340[15]	196	—	—	—	33	—	163	67	19	48
Sonstige	1 087[9]	508[0]	105	6[17,2]	20	63	146	152	267[3]	57	210[4]
Pazifik	2 232[5]	1 183	107	—	22	74	5	711	731	582	149
davon:											
Australien	1 897[8]	1 117	106	2	22	74	—	675	510	368	142
Sonstige	335[7]	66	1	—	—	—	5	36	221	214	7
Nicht aufgeschlüsselt bzw. Umrechnungsdifferenz	9 909	6 575	744	1 159	348	548	308	1 286	1 428	637	612

[1] Ohne UdSSR; enthaltend die Exportzahlen für Rund-, Faser-, Gruben-, Schnitt- und Sperrholz, Zellstoff, Zeltungsdruckpapier und Holzfaserplatten. — [2] Die Umrechnung der Zellstoff- und Holzschliffexporte auf Rohholzeinheiten erfolgte nach den Umrechnungsziffern der FAO, gemäß der Zellstoff und Holzschliffproduktion des jeweiligen Exportlandes. — [3] Ohne Ostblockstaaten. — [4] Ohne Kistenbretter. — [5] Ohne Screenings. — [6] Einschließlich Luxemburg. — [7] Einschließlich französischer Überseebesitzungen. — [8] Darunter 610 nur Okoumé.

Quelle: FAO, Statistisches Jahrbuch der Forsterzeugnisse 1951. Fortsetzung (nach rechts anschließende Spalten) s. nächste Seiten.

Fortsetzung von S. 80/81

Importgebiet \ Exportgebiet	Südamerika insgesamt	darunter Brasilien	darunter Chile	Afrika insgesamt	darunter Belg.Kongo	darunter Goldküste	darunter Nigeria	Asien insgesamt	darunter Japan	darunter Philippinen	darunter Malaya	Pazifik insgesamt	darunter Australien
Gesamtexport lt. Bilanzen der FAO	2 000	1 530	310	1 600[8]	140	330	300	2 200	260	280	330	200	160
davon aufgeschlüsselt	1 822 / *3*	1 508[4] / *3*	298[4] / —	940 / *59*	138 / *78*	330 / *70*	274 / *84*	1 187 / *30*	193 / —	279 / *54*	284 / —	145 / —	93 / —
Europa	419 / *5*	355 / *3*	54 / —	780 / *84*	121 / *84*	204 / *70*	267 / *85*	366 / *13*	87 / —	2 / —	140 / —	50 / —	50 / —
davon:													
Belgien[6]	27 / —	27 / —	—	102 / *88*	98 / *88*	—	—	43 / —	41 / —	—	—	—	—
Dänemark	—	—	—	14 / *100*	—	2 / *100*	2 / *100*	5 / —	—	—	—	—	—
Westdeutschld.	7 / —	7 / —	—	70 / *100*	—	15 / *100*	20 / *100*	6 / —	3 / —	—	—	—	—
Frankreich	1 / *100*	1 / *100*	—	48 / *100*	—	—	—	17 / —	—	—	—	—	—
Großbritannien	345 / —	291 / *100*	54 / —	462 / *77*	8 / *25*	178 / *65*	240 / *83*	262 / *18*	28 / —	—	138 / —	50 / —	50 / —
Italien	4 / —	4 / —	—	5 / *100*	—	2 / *100*	1 / *100*	7 / —	—	—	—	—	—
Niederlande	25 / —	25 / —	—	33 / *100*	—	3 / *100*	2 / *100*	27 / —	13 / —	2 / —	2 / —	—	—
Sonstige	18 / —	8 / —	—	94 / *100*	2 / —	4 / *100*	2 / *100*	16 / —	2 / —	—	—	—	—
	56 / *47*	17 / *47*	—	46 / *100*	13 / *100*	—	—	—	—	—	—	—	—
UdSSR	··	··	··	··	··	··	··	··	··	··	··	··	··
Nord- u. Zentralamerika	194 / *4*	194 / *4*	—	123 / *82*	5 / *100*	111 / *80*	3 / *100*	184 / *35*	45 / —	136 / *47*	2 / —	3 / —	3 / —
davon:													
Kanada	—	—	—	3 / *33*	—	3 / *33*	—	8 / *38*	3 / —	5 / *60*	—	2 / —	2 / —
USA	187 / —	187 / —	—	120 / *83*	5 / *100*	108 / *82*	3 / *100*	176 / *35*	42 / —	131 / *47*	—	1 / —	1 / —
Sonstige	7 / *100*	7 / *100*	—	—	—	—	—	—	—	—	—	—	—

V. Internationale Handelsbeziehungen auf dem Holzmarkt

Südamerika	1063 / 3	813 / 3	244 / —	—	—	—	—	—	—	—	—
davon: Argentinien	901 / 1	676 / 1	225 / —	—	—	—	—	—	—	—	—
Brasilien	—	—	—	—	—	—	—	—	—	—	—
Uruguay	139 / 12	137 / 12	2 / 17	—	—	—	—	—	—	—	—
Sonstige	23	—	17	31 / 20	12 / 17	12	3	65 / 15	28	13 / 46	13	8	8
Afrika	26 / 59	59	—	—	—	—	—	—	—	—	—
davon: Ägypten	3	3	—	—	—	—	—	—	—	—	—
Franz. Nordafrika	18	18	—	2 / 100	—	—	—	13	—	—	—
Südafrik. Union	38	38	—	20 / 10	8 / 13	9	2	27 / 37	15	13 / 46	3	7	7
Sonstige	—	—	—	9 / 22	4 / 25	3	1	25	12	—	10	1	1
Asien	—	—	—	4 / 75	—	1	1 / 100	425 / 32	—	128 / 63	109	2	2
davon: Indien	—	—	—	—	—	—	—	42	7	—	2	—	—
Japan	—	—	—	—	—	—	—	77 / 66	—	62 / 61	—	—	—
Sonstige	—	—	—	4 / 75	—	1	1 / 100	306 / 28	5	66 / 64	107	2	2
Pazifik	87	87	—	2	—	2	—	147 / 69	21	—	22	82	30
davon: Australien	87	87	—	—	—	—	—	133 / 74	10	—	22	52	—
Sonstige	—	—	—	2	—	2	—	14 / 27	11	—	—	30	30
Nicht aufgeschlüsselt bzw. Umrechnungsdifferenz	178	22	12	660	2	—	26	1013	67	1	46	55	67

[1] Ohne UdSSR; enthaltend die Exportzahlen für Rund-, Faser-, Gruben-, Schnitt- und Sperrholz, Holzschliff, Zellstoff, Zeitungsdruckpapier und Holzfaserplatten. — [2] Die Umrechnung der Zellstoff- und Holzschliffexporte auf Rohholzeinheiten erfolgte nach den Umrechnungsziffern der FAO, gemäß der Zellstoff und Holzschliffproduktion des jeweiligen Exportlandes. — [3] Ohne Ostblockstaaten. — [4] Ohne Kistenbretter. — [5] Ohne Screenings. — [6] Einschließlich Luxemburg. — [7] Einschließlich französischer Überseebesitzungen. — [8] Darunter 610 nur Okoumé.

Quelle: FAO, Statistisches Jahrbuch der Forsterzeugnisse 1951.

nissen (umgerechnet auf Rohholzeinheiten). Diese Angaben können nur Annäherungswerte darstellen, weil durch Mängel in den verschiedenen Länderstatistiken und durch die Umrechnung der Sortimente auf Rohholzeinheiten Ungenauigkeiten in Kauf genommen werden müssen.

Die Übersicht zeigt, daß eigentlich nur Schweden und Finnland umfangreiche Handelsbeziehungen mit der ganzen Welt pflegen, während andererseits unter den Einfuhrländern nur England weitverzweigte Importbeziehungen unterhält.

Man erkennt, daß der jeweilige Umfang der internationalen Handelsbeziehungen auf dem Holzmarkt beeinflußt wird

durch Ausmaß und Art des Eigenaufkommens an Holz;

durch die Entfernung zwischen Export- und Importland (USA—Kanada);

durch den Zugang zu den Seewegen (Skandinavien);

durch politische Bindungen (England und die Länder des Empire), wobei spezifischer Wert und Veredlungsgrad des gehandelten Erzeugnisses dem Einfluß der Entfernung entgegenwirken.

1. Holz und Holzhalbwaren im Welthandel

Betrachtet man den Weltholzhandel, gegliedert nach Erzeugnissen, so ergibt sich folgendes Bild:

a) Nadelrundholz

Der größte Exporteur war im Jahre 1950 Finnland, gefolgt von Westdeutschland. Ein Schwerpunkt der Importe ist nicht erkennbar. Daneben besteht in Kanada ein gewisser Rundholzexport nach den Vereinigten Staaten und umgekehrt.

b) Laubrundholz

Hier spielt, da es sich vorwiegend um Furnierhölzer von oft erheblichem spezifischem Wert handelt, der Transportweg eine geringere Rolle. Als Hauptexportländer sind neben Frankreich die Goldküste, Nigeria, die Philippinen, Britisch-Nordborneo, Belgisch-Kongo und die französischen Besitzungen in Afrika zu nennen (Gabun, wo das Okoumé herkommt, ist das wichtigste afrikanische Exportgebiet). Ausgeführt wird in kleineren Mengen in alle Länder der Welt ohne besondere Schwerpunktbildung. Eine Ausnahme bildet England, das größere Mengen vorwiegend aus den Ländern des Empire bezieht.

c) Faserholz

Kanada ist der weitaus größte Exporteur (1950 = 4,4 Mill. fm). Fast sein gesamter Export geht nach den USA. In Europa hat nur Finnland nennenswerte Exportmengen aufzuweisen (1950 = 1,9 Mill. fm), die fast ausschließlich in Westeuropa gehandelt werden, hauptsächlich mit

V. Internationale Handelsbeziehungen auf dem Holzmarkt

Westdeutschland und den Niederlanden. In Anbetracht des Ausbaues der bodenständigen Zellstoff- und Holzschliffindustrie in den Holzüberschußgebieten der Welt geht der Welthandel mit Faserholz zunehmend zurück.

d) Grubenholz

Der größte Bezieher ist der Bergbau im holzarmen England. Als Hauptexporteure sind Finnland und Schweden zu nennen. Westdeutsche Exporte sind politisch bedingt und dienen der Versorgung des Saar-Kohlenbergbaus.

e) Nadelschnittholz

Die hauptsächlichsten Exporteure dieses wichtigsten Sortiments im Weltholzhandel sind neben Kanada, das seit dem 2. Weltkrieg 80 bis 90 % seines Exportes nach den USA liefert (vor dem 2. Weltkrieg war dagegen England Kanadas Hauptabnehmer), Schweden, Finnland und Österreich. Die Exporte gehen in alle waldärmeren Länder Westeuropas, wo England der weitaus wichtigste Importeur ist; der englische Bedarf setzt sich im Gegensatz z. B. zur US-amerikanischen Nachfrage, die sich weitgehend auf Standardabmessungen beschränkt, aus den verschiedensten Dimensionen zusammen. Die englische Schnittholzbilanz ist nur zu rund einem Fünftel auf Eigenerzeugung aufgebaut, die zudem noch z. T. auf importiertem Rundholz beruht. In Übersee sind als Importländer Ägypten, die Südafrikanische Union und Australien wichtig. Die UdSSR lieferte in den letzten Jahren 450 000—900 000 cbm jährlich; ihre wichtigsten Kunden sind normalerweise England und die Benelux-Staaten.

f) Laubschnittholz

Frankreich und Kanada spielen im Laubschnittholzexport die Hauptrolle. Kanada ist auch hier der Hauptlieferant der Vereinigten Staaten. Für Birke ist Finnland die wichtigste Bezugsquelle (rund ein Fünftel des finnischen Rundholzeinschlags besteht aus dieser Holzart). Außerdem liefern Länder wie Malaya, Chile, Thayland, die Goldküste, Belgisch-Kongo usw. kleinere Mengen. Das größte Importland mit dem am weitesten gespannten Lieferantennetz ist wiederum Großbritannien.

g) Sperrholz

Finnland ist — vor allem in Birke — das bei weitem größte Sperrholz-Exportland. Es liefert in alle Erdteile, wobei jedoch auch hier vorwiegend England als Abnehmer auftritt. Kanada wiederum ist praktisch der Alleinlieferant der Vereinigten Staaten. Auf dem Sperrholzmarkt spielt aber auch Westdeutschland als größter europäischer Sperrholzproduzent eine bedeutende Rolle. 1950 wurden nur erst

2300 t, 1951 aber schon 15 000 t (etwa 25 bis 30 000 cbm) Sperrholz (einschließlich Furniere) exportiert.

h) Holzfaserplatten

Der internationale Handel mit Holzfaserplatten wird fast ausschließlich von Schweden, Finnland und Norwegen als Lieferanten und von England, Holland, Belgien, Dänemark und Australien als Importeuren bestritten. Die übrige Welt importiert nur kleinere Mengen. Belgien, Österreich, Kanada und Frankreich treten neben Westdeutschland ebenfalls als Ausfuhrländer auf.

i) Zellstoff und Papier

Kanada und Schweden exportieren zusammen mehr Zellstoff als alle übrigen Exportländer der Welt. Daneben ist Finnland ein bedeutender Exporteur. Schweden beliefert hauptsächlich den europäischen Markt mit England an der Spitze, während Kanada fast nur die USA, daneben mit Bruchteilen dieser Mengen England versorgt. Hier tritt neben Österreich und Norwegen auch Westdeutschland als Exporteur auf.

Deutschland war bis etwa Mitte der dreißiger Jahre eines der größten Ausfuhrländer für Zellstoff, Holzschliff, Zeitungsdruckpapier, Packpapier u. ä. Dies ist heute nicht mehr der Fall, weil es durch den 2. Weltkrieg seine Faserholzbezugsquellen im Osten verloren hat und der fortschreitende Ausbau bodenständiger Zellstoff- und Papierindustrien in der Welt die Nachfrage nach den Massenwaren des Papiermarktes verringert hat.

An Zeitungsdruckpapier lieferte Kanada allein bisher etwa vier- bis fünfmal mehr nach den USA, als das gesamte Handelsvolumen der übrigen Exporteure ausmachte. Für Papier und Pappe ist Schweden neben Finnland und Österreich das wichtigste Exportland. Als Importeure treten England, Holland, Belgien und die Vereinigten Staaten hervor, daneben mit geringeren Mengen Ägypten, Argentinien, Brasilien, Venezuela und Australien.

Eine relativ bedeutende Rolle spielen im Papierwelthandel Spanien und Portugal als Zwischenhändler im Verkehr mit Südamerika und Afrika sowie Irland im Zwischenhandel von Europa nach den Vereinigten Staaten. Eine ähnliche Rolle hat der italienische Papierhandel im Handelsverkehr mit dem Nahen Osten und der Türkei.

2. Die Holzverarbeitung im Welthandel

Die Exportintensität der Holzverarbeitung ist von Fertigung zu Fertigung sehr unterschiedlich. Die Unterschiede ergeben sich z. T. aus dem sehr heterogenen Produktionsprogramm (sperrige Möbel neben kleinsten Drehteilen wie z. B. Holzperlen, Holzknöpfen usw.); z. T.

V. Internationale Handelsbeziehungen auf dem Holzmarkt

Exportintensität und Veredlungsgrad bei Holzfertigwaren
Bundesgebiet 1952

Erzeugnisgruppe	Export						Anteil der Erzeugnisgruppe a. d. Holzwarenproduktion insgesamt in vH[2]
	t	1 000 DM	DM/t	Anzahl der Empfangsländer[1]	vH des Holzwarenexports insgesamt	vH der jeweiligen Produktion[2]	
Kisten, Kistenteile, Böttcherwaren ..	3 836	2 505	650	12	2,5	2	6
Holzspan, Holzdraht, Holznägel, Holzwolle, Holzmehl	788	649	820	3	0,6	2,5	1
Holzhäuser, Holzkonstruktionen, Leisten und Parkett	17 428	19 068	1 090	15	18,4	6	15
Möbel, einschl. Inneneinrichtungen[3]	14 949	38 582	2 580	34	37,0	3	56
Haushaltsgerät, Werkzeuge, sonstige Holzfertigwaren	2 905	8 387	2 890	18	8,1	3	12
Korb- und Korkwaren	722	4 108	5 690	19	4,0	6	3
Drechslerwaren, Schuhbedarf aus Holz, Kunst- und Kleintischlerwaren, Bilderrahmen	1 403	8 797	6 270	29	8,5	13	2
Klaviere, Flügel, Pianinos, Klavierteile	1 214	12 507	10 310	28	12	72	1
Besen, Bürsten, Pinsel, einschl. Pinselköpfe	628	9 266	14 770	30	8,9	9	4
Insgesamt	43 873	103 869	2 370	69	100	5	100

[1] Nur Länder mit einem Import von mindestens 500 DM je Meldeposition der Außenhandelsstatistik. — [2] Nur Betriebe mit 10 und mehr Beschäftigten. — [3] Ohne med. chirurg. Möbel einschl. Metall- und Kunststoffmöbel.

Bemerkung: Der Vergleich des Exportes und der Produktion der verschiedenen aufgeführten Erzeugnisgruppen ist wegen der Verschiedenartigkeit der statistischen Erfassung nur als ungefähr zu werten.

Veredlungsgrad und Exportentfernung bei Holzfertigwaren[1] Bundesgebiet 1952

Zusammensetzung der westdeutschen Ausfuhr / Anteil der Warengruppen am gesamten Holzfertigwaren-Bezug der Gebiete aus Westdeutschland in vH

Warengruppe	Westeuropa – Nachbarländer Westdeutschlands	Westeuropa – Übriges Westeuropa	Naher Osten	Nord- und Mittelamerika	Südamerika	Ferner Osten	Australien	Insgesamt
Kisten, Kistenteile, Böttcherwaren, Holzspan, Holzdraht, Holznägel, Holzwolle, Holzmehl	3	2	9	—	1	—	—	2
Holzhäuser, -konstruktionen, sonst. Bauteile, Leisten, und Parkett	5	—	65	29	—	—	99	20
Möbel einschl. Inneneinrichtungen	45	61	3	25	38	54[2]	—	39
Haushaltsgerät, Werkzeuge, sonstige Holzfertigwaren	8	10	1	15	3	—	—	7
Korb- und Korkwaren	6	2	—	6	3	3	—	4
Drechslerwaren, Schuhleisten, -formen, einschl. sonst. Bedarf für die Schuhindustrie, Kunst- und Kleintischlerwaren einschl. Bilderrahmen	11	5	10	11	3	8	—	7
Klaviere, Flügel, Pianinos, Klavierteile	11	14	—	2	45	27	—	12
Besen, Bürsten, Pinsel, einschl. Pinselköpfe	9	6	12	12	7	8	1	8
Insgesamt	100	100	100	100	100	100	100	100

[1] Nur Länder mit mindestens 500 000 DM Einfuhrwert. — [2] Hauptsächlich Schulmöbel und Klapp-(Feld)-betten.

V. Internationale Handelsbeziehungen auf dem Holzmarkt

lassen sie sich daraus erklären, daß in dieser Branche zahlreiche Klein- und Kleinstbetriebe mit primitiven Fertigungsmethoden bestehen, die gar nicht in der Lage sind, sich in den komplizierten Außenhandel einzuschalten, neben großen Betrieben, die über modernste Erzeugungsapparaturen und eine entwickelte Vertriebsorganisation verfügen.

Im allgemeinen steigt bei Holzfertigwaren die Exportintensität mit steigendem Veredelungsgrad ebenso wie der Export-Radius.

Daß diese These über die Abhängigkeit der Exportintensität vom Veredelungsgrad der exportierten Holzfertigwaren im großen gesehen zutrifft, ersieht man sehr deutlich aus der vorstehenden Zahlenübersicht über die Ausfuhr Westdeutschlands im Jahre 1952. Sowohl der Anteil der einzelnen Warengruppen am gesamten Holzfertigwarenexport als auch die Anzahl der Empfangsländer und der Anteil des Exportwertes am Produktionswert zeigen dort mit steigendem Exporterlös je Tonne ein deutliches generelles Wachstum (siehe Seite 87).

Das gesamte Bild wird allerdings durch die Exportsituation in der Gruppe der Holzhäuser und Holzkonstruktionen etwas gestört. Dort liegt die Exportquote mit 6 vH., bezogen auf die Produktion, höher als z. B. bei Möbeln, trotz merklich geringerem Exporterlös je t. Hier handelte es sich damals um eine regionale Sonderkonjunktur in Holzfertighäusern, ausgelöst durch Käufe Israels und Australiens (Aufbau des Landes, Siedlungsprogramm), wobei die Käufe Israels im wesentlichen aus herenlosem jüdischem Vermögen, das in Westdeutschland vorhanden ist, bezahlt wurden — also keine Exporte im eigentlichen Sinne waren.

Noch deutlicher zeigen sich die Beziehungen zum Veredelungsgrad des Exporterzeugnisses und Absatzradius, wenn man den Holzfertigwarenexport nach der Entfernung der Empfangsgebiete und gleichzeitig nach dem Veredelungsgrad der Erzeugnisgruppen gliedert.

Gliedert man die Vielzahl der Erzeugnisse der Holzverarbeitung nach den Exportmöglichkeiten, so ist zunächst eine Gruppe mit hoher und eine mit niedriger Exportfähigkeit zu unterscheiden.

a) Erzeugnisse hoher Exportfähigkeit

Hierzu gehören vor allem leicht zu transportierende Holzfertigwaren, deren Herstellung bei geringem Materialkostenanteil eine hochentwickelte technische Ausrüstung voraussetzt, die nur in technisch hochstehenden Ländern vorhanden ist, welche auch über das notwendige Fachpersonal verfügen.

Durch die Mechanisierung bzw. Automatisierung der Fertigung kann sich die Herstellung von Holzmassenwaren wie z. B. Textilspulen, Holzperlen, Drehteilen usw. soweit verbilligen, daß sich die Herstellung dieser Erzeugnisse am Orte des Konsums selbst in solchen Fällen nicht lohnt, wo — wie es in weniger entwickelten Gebieten der Welt oft der

Fall ist — sowohl die Materialkosten (bei Holzüberfluß) als auch die Lohnkosten (bei niedrigem Lebensstandard) vergleichsweise sehr gering sind.

So versorgten wenige Werke in der Tschechoslowakei den gesamten Nahen Osten einschließlich Nordafrikas mit Holzperlen, während z. B. die baltischen Staaten und Finnland bei Exporten von Textilspulen nach Schweden mit dem Deutschen Reich wegen ihrer unzulänglichen technischen Ausrüstung nicht konkurrieren konnten, obwohl die Holzpreise und Löhne vergleichsweise bei weitem niedriger waren. Konkurrenzfähig waren sie jedoch in der ganzen Welt beim Handel mit Verpackungsmitteln aus Holz und Fertighäusern; auf diesen Gebieten verfügten sie einerseits über eine ausreichende technische Ausrüstung, während andererseits der Holzreichtum die Materialkosten relativ niedrig hielt, was sich neben dem niedrigen Lohnniveau günstig im internationalen Wettbewerb auswirkte. Die Sperrigkeit dieser Erzeugnisse wird dadurch überwunden, daß man sie, um Frachtraum zu sparen, in Teile zerlegt liefert und erst am Orte des Konsums zu montieren pflegt.

Die modernen Fertigungsverfahren der Holzverarbeitung gehen immer stärker zur Verwendung von zusammengesetzten Holzwerkstoffen wie Spanplatten und vergüteten Hölzern (Preßlagenholz, Kunstharzpreßholz usw.) über. Beispiele hierfür sind die modernen Webschützen aus Preßlagenholz, Möbel und Möbelteile als Furnierlamellenkörper (d. h. Formholz) gefertigt, Skier aus Preßlagenholz usw. Da diese Erzeugnisse einen weit höheren Gebrauchswert (Lebensdauer) haben als solche aus unvergütetem Holz, zu ihrer Erzeugung jedoch ein komplizierter Fertigungsapparat gehört, der nicht überall vorhanden sein kann, könnte diese Entwicklung mit der Zeit zu einer merklichen Ausweitung der Exportmöglichkeiten der Holzverarbeitung führen.

b) Erzeugnisse geringer Exportfähigkeit

Zu den Erzeugnissen mit vergleichsweise niedriger Exportfähigkeit zählen vor allem die sperrigen Erzeugnisse mit in der Regel hohem Materialkostenanteil, deren Herstellung nicht unbedingt einen besonders hochgezüchteten technischen Apparat voraussetzt, hier vor allem Möbel.

Bei Möbeln, wo es in der Regel bisher nicht üblich war, sie in Teile zerlegt zu liefern und wo auch primitivere Länder normalerweise über die notwendigen bodenständigen, meist handwerklichen Erzeugerbetriebe verfügen, kann der technisch hochstehende Betrieb in Anbetracht des relativ hohen Materialkostenanteils nur dort mit dem bodenständigen Hersteller konkurrieren, wo die Entfernung durch die Kosten für Verpackung und Fracht den Kostenvorsprung einer hochentwickelten Fertigung nicht aufhebt, es sei denn, es besteht eine Sondernachfrage nach Möbeln besonderer Art. Deshalb beschränkt sich der Export von Erzeugnissen dieser Gruppe meist auf kurze Entfernungen.

Exportkostenanteil am Möbelpreis
beim Versand von 1 t Küchenmöbel aus Westfalen nach New York
Stand: Sommer 1950

Kostenart	Anteil am Ab-Werkpreis in Prozent
Seemäßige Verpackung	27,5
Fracht vom Hersteller zum Händler in New York	70,5
Import-Zoll USA	16,0
Kaigebühren, Provision, Konsulatsfaktura	1,2
Exportkosten insgesamt	115,2

Quelle: v. Wieser, Versuch eines Kostenvergleichs zwischen der deutschen und der US-amerikanischen Möbelindustrie, Holztechnikum Rosenheim, 1949/50.

Natürlich sind Ausnahmen auf diesem Gebiet möglich, die in der Regel auf exogene Einflüsse zurückgehen werden. So führte die Anti-Farbigen-Politik Malans in der Südafrikanischen Union 1951/52 zeitweise zu einem erhöhten latenten Einfuhrbedarf an Möbeln; zahlreiche Möbelbetriebe wurden damals in weiße Hände gegeben, die weitere Ausbildung bzw. Beschäftigung farbiger Hilfskräfte wurde untersagt, so daß das Inlandsangebot an Möbeln zurückging. In Indien und Pakistan entstand durch die Wohnbau-Reformpläne der Regierungen ebenfalls ein zusätzlicher Möbelimportbedarf, weil die bodenständigen Möbelerzeuger entweder kapazitätsmäßig den gestiegenen Anforderungen nicht gewachsen oder fachlich nicht in der Lage waren, moderne und vor allem tropenfeste Möbel in genügenden Mengen zu liefern. (Daß diese Entwicklungen durch restriktive Regierungsmaßnahmen de facto nicht oder nur z. T. zu erhöhten Importen führten, ist in diesem Zusammenhang von geringerer Bedeutung.)

Derartige örtliche Export-Haussen sind in der Regel vorübergehender Natur und pflegen abzuklingen, sobald die bodenständigen Industrien sich den veränderten Verhältnissen angepaßt haben.

3. Die internationalen Holzhandelsgebräuche

a) Die besonderen Probleme des internationalen Handels mit Rundholz und Holzhalbwaren

Holz ist ein natürlich gewachsener Stoff, der sich nur sehr schwer in normierten Begriffsbestimmungen so erfassen läßt, daß Grenzfälle ausgeschlossen sind oder sich wenigstens mit Hilfe etwaiger Vereinbarungen in allen Fällen zweifelsfrei einstufen lassen. Die Schwierigkeit und das Risiko bei internationalen Lieferverträgen besteht deshalb selbst in solchen Fällen, wo beide Kontrahenten guten Willens sind, vor allem in der Festlegung der Eigenschaften und der Dimensionen des Liefergutes so, daß die Erwartungen des Käufers mit den Auffassungen des Verkäufers im Einklang stehen.

Wegen der unregelmäßigen Beschaffenheit und Form des Holzes als Liefergut müssen deshalb

die Qualität,

die Dimensionen,

die Regelung von Unstimmigkeiten bezüglich der Einhaltung des Vereinbarten

besonders festgelegt sein, soweit nicht allgemein anerkannte Handelsgebräuche (bzw. Sortierungsbestimmungen) etwaige Sonderabmachungen überflüssig machen.

International gibt es zwar solche Konventionen, ihr Anwendungsbereich ist jedoch relativ klein, weil sie infolge der Eigenart des Holzes als Resultat eines Wachstumsprozesses naturgemäß nur sehr allgemein gehalten sein können.

Für den Handel mit Holz gelten folgende allgemeine Prinzipien:

1. Das Risiko der Geschäftsabwicklung steigt mit dem spezifischen Wert des gehandelten Erzeugnisses und mit der Entfernung der Kontrahenten voneinander. Es fällt mit steigendem Veredlungsgrad der gehandelten Ware. Häufig vorkommende Konjunkturschwankungen und die relative Schwerfälligkeit und Langfristigkeit der Geschäftsabwicklung (Sperrigkeit des Holzes im Transport, Vielfalt der Ansprüche der Händler und Verbraucher, lange Dauer der Erzeugung, Trocknung, Sortierung und Bereitstellung an den Lagerplätzen) vergrößern das Risiko zusätzlich.

2. Der persönliche Kontakt der Kontrahenten und langjährige, bewährte Handelsbeziehungen sind im Holzhandel besonders wesentlich für das Zustandekommen und die reibungslose Abwicklung von Geschäftsabschlüssen.

3. Agenten (Makler) sind als Vermittler zwischen den Kontrahenten wesentlich unentbehrlicher als in vielen anderen Handelsbranchen. Bei Streitigkeiten gleichen sie — meist auf friedlichem Wege — die gegenteiligen Meinungen und Ansprüche aus. Gelingt dies nicht, so erfolgt die Regelung durch die übliche Arbitrage unter beiderseitiger Benennung von Sachverständigen und einem Obmann. Gegebenenfalls werden vereidigte Sachverständige z. B. von den Handelskammern ernannt (solche Sachverständige sind häufig ganz eng spezialisiert).

4. Die Schwierigkeit, sich auf eindeutige Definitionen der gehandelten Ware so festzulegen, daß auch die im Holzhandel besonders häufigen Grenzfälle ausreichend klassifiziert sind, ist besonders groß. Deshalb müssen exakte Bestimmungen über Art und Beschaffenheit des Handelsobjektes meist durch die Festlegung von Globalabmachun-

gen ersetzt werden, die in der Regel in der Fixierung von unerläßlichen Mindestbestimmungen in Kombination mit Abmachungen hinsichtlich Art und Ausmaß zulässiger Abweichungen bestehen. Je höher der Veredelungsgrad der Ware ist, desto weniger sind Sonderabmachungen erforderlich.

5. Da neben der Holzart, Sorte und Dimension auch die Provenienz[2] bei Holz eine große Rolle spielt, ist Vertrauen eine im Holzhandel besonders wichtige Voraussetzung für eine einwandfreie Geschäftsabwicklung.

6. Die Vielzahl der verschiedenen Warenarten, die am Holzmarkt gehandelt werden, stellt hohe Anforderungen an Fachkenntnisse und Erfahrung.

7. Da Holz seine Eigenschaften durch Reißen, Verwerfen, Schädlingsbefall und Zerbrechen im Laufe der Zeit erheblich — unter Umständen bis zur Unbrauchbarkeit — zu verändern vermag, vergrößert sich das Risiko des Holzhandels zusätzlich und damit auch die gegenseitige Verantwortung der Kontrahenten.

8. Infolge der Schwerfälligkeit des Transportes sind besondere, von Ort zu Ort sehr unterschiedliche Bestimmungen bei Zahlungsbedingungen und Zahlungsfristen notwendig.

9. International allgemein anerkannte — d. h. wirklich allgemein gültige — Handelsgebräuche gibt es im internationalen Holzhandel nicht, wohl aber haben sich im Handel von Land zu Land bzw. im Handel mit bestimmten Holzerzeugnissen Handelsgebräuche entwickelt, die für ihren Teilbereich einen gewissen Anspruch auf internationale Gültigkeit haben.

Bei der Anwendung solcher Handelsgebräuche richtet sich der Käufer normalerweise nach den Usancen desjenigen Landes oder Marktbereiches, zu welchem der Ablader gehört. Etwa notwendige, auf die Belange des Käufers abgestellte Abweichungen davon müssen im Kontrakt gesondert vereinbart werden.

aa) Der Rundholzhandel

a) Die Qualität

Im Handel mit Rundholz gibt es allgemein anerkannte Handelsgebräuche eigentlich nur für den Handel mit Rundholzmassensortimenten. Hierzu gehören neben Gruben- und Faserholz sowie Sägerundholz vor allem die überseeischen Schälhölzer zur Herstellung von Furnieren für die Tischler- und Furnierplattenfertigung (Okoumé, Limba, Abachi). So gibt es auf diesem Marktsektor im Überseegeschäft eine Reihe international mehr oder weniger feststehender Qualitätsbegriffe, von denen die Qualität „gute Kaufmannsware, aus frischem

---

[2] In den westdeutschen Forsten gibt es z. B. Wälder, die als ausgesprochene Mastenholzbezugsgebiete allgemein bekannt sind (Harz).

Einschlag"[3] die wichtigste ist. Aber auch hier bestehen Unterschiede von Land zu Land. Während französische Ablader unter „guter Kaufmannsware" eine Klassenverteilung verstehen, bei der 50 % der Stämme zu 100 vH, 35 % zu 75 vH und der Rest zu 50 vH für die Herstellung von Furnieren ausnutzbar sein müssen (50/35/15), legen englische Ablader diesem Begriff eine Einteilung von 40 % voll ausnutzbarer, 40 % zu drei Vierteln ausnutzbarer und 20 % zur Hälfte ausnutzbarer Stämme zu Grunde (40/40/20).

In diesem Unterschied zwischen der französischen und englischen Auffassung des Begriffes „gute Kaufmannsware" offenbart sich die Verschiedenheit in den Verbrauchsgewohnheiten eines holzreichen und eines holzarmen Landes. Das holzarme England stellt nicht so große Qualitätsansprüche wie das holzreiche Frankreich.

Natürlich gibt es außerdem Abweichungen vom Begriff der „guten Kaufmannsware" nach oben und nach unten, wie z. B. „prime export quality", worunter Rundholz verstanden wird, das zu 80 % Blöcke 1. Klasse (voll ausnutzbar) und zu 20 % Blöcke 2. Klasse (zu drei Vierteln ausnutzbar) enthalten soll (80/20/—).

Mit dem Begriff „gute Kaufmannsware" ist im allgemeinen außerdem die Vorstellung verbunden, daß es sich dabei um Stämme handelt, die gesund, möglichst gerade und zylindrisch gewachsen und praktisch frei sind von sichtbaren Fehlern (Schädlingsbefall, Faulkern, Beulen, große Äste, tiefgehende Holz- oder Kernrisse, Fällbrüche, Gallen, unförmiger Wuchs usw.).

β) Die Abmessungen

Bei der Festlegung der Dimensionen wird meist ein Mindestdurchmesser (z. B. 60 cm und aufwärts) vereinbart, wobei es sich von selbst versteht, daß dann gut verteilt, so wie die Hölzer anfallen, geliefert werden muß und nicht nur Hölzer, deren Abmessungen in der unmittelbaren Nähe der Mindestlänge bzw. des Mindestdurchmessers liegen. Auch Fixierungen des Umfangs sind manchmal üblich (z. B. 180 cm und aufwärts) und aus technischen Gründen (Durchlaß, Messerlänge der Furniermessermaschine) auch Fixierungen von Höchstdurchmessern und Höchstlängen (z. B. bei Makoré mitunter 2,20 m als Höchst- und 1 bis 1,20 m als Mindestdurchmesser). Üblich ist manchmal auch die Fixierung der Vermessungsweise. Gültig sind dabei im allgemeinen die Maßeinheiten des Exporthandels.

ab) Der Schnittholzhandel

a) Die Qualität

Auch hier gibt es auf Teilbereichen des Holzmarktes mehr oder weniger feststehende Qualitätsbegriffe, an die sich die Kontrahenten

---

[3] Franz. «qualité loyal et marchande, coupe fraiche», engl. "fair average (merchantable) quality".

des internationalen Handelsabschlusses in gewissem Umfang halten können. Solche mehr oder weniger zum Begriff gewordene Qualitätsbezeichnungen sind z. B. die *Boules* (Klotz- oder Blockware) in der Schweiz und in Österreich und die *unsortierte Schnittware*, die *Quinta* und der *Ausschuß* im Schnittholzhandel mit den nordischen Ländern. Spezialitäten sind die Schiffsbauhölzer (Bohlen und Decksplanken), Waggonhölzer für den Waggonbau, Schwellen, Stammware, Kantholz, Sparren u. a. m.

Auch hier werden meist die unabdingbaren Anforderungen und davon gesondert Art sowie Ausmaß zulässiger Abweichungen festgelegt. Die Art und Weise, wie dies gehandhabt wird, kann man gleichzeitig mit den Unterschieden, die von Land zu Land gelten können, aus der nachstehenden Gegenüberstellung der Definition des Begriffes „Boules" in Österreich und der Schweiz ersehen.

Ähnliche Sortierungsbestimmungen gibt es praktisch überall, wobei jedoch — beruhend auf den Verschiedenheiten der Wuchsbedingungen (Klima) und der Unterschiedlichkeit der Bearbeitung (große moderne Sägewerke im Gegensatz zu den rückständigeren Betrieben oder z. B. zu „Bauernsägen") — diese Bestimmungen je nach den Umständen von Bezirk zu Bezirk voneinander abweichen und im Laufe der Zeit immer wieder etwa veränderten Verhältnissen angepaßt werden.

So wurde im Norden Europas die Kiefer um die Jahrhundertwende noch in „astrein" (1. Klasse) und 2. Klasse usw. sortiert. Da inzwischen die älteren Kiefernbestände merklich reduziert sind, gibt es heute nur noch vereinzelt eine Sortierung nach Klassen; es wird vorwiegend „unsortiert" — d. h. alle Klassen durcheinandergemischt — verkauft.

Die sogenannte nordische Schnittware wird zwar in ganz Skandinavien ebenso wie in Finnland (einschließlich Rußland und Polen) nach den Qualitätsbegriffen

unsortiert — Quinta — Ausschuß

gehandelt, doch ist meist der Zusatz „in der üblichen Qualität des Abladers" der wesentliche Teil eines auf diese Sortierungsbegriffe abgestellten Liefervertrages, weil von Distrikt zu Distrikt und von Ablader zu Ablader gewisse Sortierungsunterschiede bestehen. Der Holzimporteur muß über Art und Ausmaß dieser Sortierungsunterschiede möglichst genau unterrichtet sein. Diese Kenntnis der jeweiligen Sortierungsgewohnheiten gehört zum unentbehrlichen Rüstzeug der Importeure in allen Ländern der Welt.

Unter „unsortiert" wird im allgemeinen der größere, bessere Teil des anfallenden Schnittmaterials verstanden. Er darf Baumkante nicht über ein Viertel bzw. ein Drittel der Brett- bzw. Bohlenstärke, nur solche Äste, die die Qualität nicht beeinträchtigen, und kleinere Risse bei grundsätzlicher Gesundheit des Holzes enthalten.

Vergleich von Sortierungsbestimmungen für Boules (Klotzware)

	Österreich: Fichte/Tanne			Schweiz: Nadelholz	
Klasse	Anforderungen	Zulässige Abweichungen	Klasse	Anforderungen	Zulässige Abweichungen
0	Blank, gesund, buchsfrei¹, scharfkantig	Je 1 lfm 1 verwachsener Ast bis 2×5 cm oder 1 Pechgang bis 0,5 ×5 cm, vereinzelt gerade Risse, nicht durchgehend, nicht länger als Brettbreite. Bei unbesäumter Ware Krümmung bis zu 2 cm je 1 lfm. Kernbretter können mitgeliefert werden. Kernrisse sind im Maß zu vergüten. Punktäste bis 0,5 cm bleiben unberücksichtigt.	I	Durchgehend praktisch astrein — gesund — blank — rißfrei — nicht drehwüchsig — möglichst feinjährig — praktisch harzgallenfrei	
I	Scharfkantig, buchsfrei¹, gesund	Vereinzelt harter Rotstreif bis ¹/₁₀ der Oberfläche. Farbige Ware der Klasse 0 kann mit Zustimmung des Käufers mitgeliefert werden. Festverwachsene Äste bis 2×5 cm und je 1 lfm 1 Durchfallast bis 2×5 × 5 cm, vereinzelte, nicht durchgehende gerade Risse, nicht länger als Brettbreite, unbeschränkt. Endrisse nicht länger als Brettbreite — sonst wie Klasse 0.	I/II	Gesund — blank — nicht buchsig — nicht drehwüchsig	Kleine verwachsene Äste und Harzgallen in mäßiger Zahl. Kleinere Harz- und Sonnenrisse. Leichte Buchsstreifen (die Hälfte des Klotzes muß dabei praktisch astrein sein).
II	Praktisch buchsfrei¹, gesund	Harter Rotstreif bis ²/₁₀ der Oberfläche, festverwachsene Äste bis 2×5 cm, je 1 lfm 1 festverwachsener Ast bis 5×10 cm. Pechgänge bis 0,5×5 cm, vereinzelte, durchgehende Risse und unbeschränkt gerade Endrisse nicht länger als Brettlänge. Baumkante bis ¹/₄ der Brettlänge und schräg gemessen nicht über ¹/₄ der Brettdicke. Bei unbesäumter Ware Krümmung wie in Klasse 0 und 1.	III	blank — gesund — ästig	Größere verwachsene Äste. Kleinere Ausfalläste in geringer Zahl. Leichter Rotstreif. Leichter Buchs. Vereinzelte Risse und Harzgallen.

¹ Buchs = exzentrischer Wuchs.

V. Internationale Handelsbeziehungen auf dem Holzmarkt

Bei „Quinta" darf die Baumkante etwa bis zur halben Brettstärke gehen, wobei die Bretter in größerem Umfang astig und rissig (soweit ihre Festigkeitseigenschaften dadurch nicht beeinträchtigt werden), auch wohl blau sein dürfen.

In Finnland sind eine Abart der „Quinta" die sogenannten „Halbreinen", die als bis zu 80 % „spundfähig" garantiert werden. Bretter mit stärkerer Baumkante, die von allen vier Seiten von der Säge berührt sind, werden dort gesondert als „Schaalware" verkauft.

Der Ausschuß enthält alles übrige — doch muß die Ware von allen vier Seiten, also auch am Zopfende, von der Säge gestreift sein und es dürfen nur ganz kleine weichfaule Stellen vorkommen.

Die Schnittware wird vor der Verschiffung an den Hirnenden meist mit einer sogenannten Verschiffungsmarke versehen, aus der der Ablader, Verladehafen und unter Umständen auch das Sortiment ersichtlich sind. Die Verschiffungsmarken (Markierungen) werden in der Regel amtlich registriert und sind geschützt.

Eine Eigentümlichkeit des nordischen Raumes besteht bei der Preisbildung darin, daß das Sortiment „$2^{1}/_{2}"\times 7"$ unsortierte Battens" als Basis gilt (Battens sind $2^{1}/_{2}"$ und $2"$; Planken bzw. Bohlen $3"$ und $4"$ starke Schnitthölzer). Die Preise für die übrigen Sortimente richten sich mehr oder weniger danach aus. Diese Gewohnheit ist im Laufe der Zeit entstanden und wird beibehalten, obwohl „$2^{1}/_{2}" \times 7"$ Battens" gemäß ihrem Anteil an der Schnittholzerzeugung heute nicht mehr als Durchschnittssortiment gelten können. Dabei werden bei Breiten unter $7"$ für je einen englischen Zoll schmälere Hölzer relativ geringe Abschläge vom Grundpreis gerechnet, während $8"$ bis $9"$ Breiten erheblich teurer sind. Die Preise werden in £, in Schweden auch in sKr gerechnet. Quinta liegt in der Regel um rund 12 %, Ausschuß um etwa 25 % unter dem Grundpreis.

Die in den verschiedenen Teilen der Welt gebräuchlichen Sortierungsbestimmungen für Schnittware kann man dabei in zwei große Gruppen einteilen. Schnittholz, das weiterverarbeitet werden soll (z. B. zu Möbeln, Fenstern, Türen usw.) wird nach Regeln sortiert, die sich nach dem Anteil astreiner bzw. fehlerloser Stücke ausrichten, die aus einem Brett oder einer Bohle gewonnen werden können. So wird z. B. vor allem Laubschnittholz sortiert. Sortierungsbestimmungen der anderen Gruppe werden auf Schnittholz angewendet, das normalerweise im ganzen Stück ohne besonders weitgehende Weiterverarbeitung verwendet werden soll (Bauholz). Diese Sortierungsbestimmungen richten sich nach der Anzahl, Größe und Verteilung von Ästen, Harzgallen und sonstigen Holzfehlern. Die charakteristischen Merkmale der Oberfläche, nicht der Anteil fehlerfreien Holzes, sind hier Merkmale der Sortierung. Die Nadelschnittholz-Sortierung erfolgt vor allem nach Regeln dieser Gruppe.

Neuerdings wird mit erheblichem Nachdruck auf die Notwendigkeit der stärkeren Beachtung der Festigkeitseigenschaften der jeweiligen Schnittholzsorte bei den Sortierungs-Regeln der zweiten Gruppe hingewiesen. Dies soll dem Konstrukteur seine Berechnungen und den Wettbewerb des Holzes mit anderen Baustoffen erleichtern, denn bei einer derartigen Modifizierung der Sortierungs-Regeln würden gewisse Grenzwerte für die Festigkeit und Belastungsmöglichkeit des jeweiligen Schnittholzes garantiert sein. Ansätze zu dieser festigkeitsbetonten Sortierung findet man vor allem in den USA.

β) *Die Vermessung*

Bei der Vereinbarung der zu liefernden Abmessungen ist dort, wo die Handelsgebräuche fixiert sind, meist nur über die Mindestlänge oder die Durchschnittslänge etwas ausgesagt; mitunter sind auch zulässige Abweichungen nach unten anteilmäßig festgelegt. Bei der Breite wird meist eine Durchschnittsbreite besonders vereinbart, während das bei den Stärken etwa einzuhaltende Übermaß bei frischer Ware oder der vH-Satz tolerierter Unterschreitungen der Stärke grundsätzlich festgelegt sind. Eine besondere Eigentümlichkeit des Holzhandels besteht hinsichtlich der Abmessungen darin, daß eine Überschreitung vereinbarter Durchschnitte bzw. Bereiche auch nach oben nicht in allen Fällen zulässig zu sein braucht wegen des zusätzlichen Verschnittes beim Verarbeiter, der sich hieraus ergibt. Die damit verbundene Unsicherheit in bezug auf die Gesamtmenge, die auf diese Weise zustande kommt, bringt es mit sich, daß zur besseren Ausnutzung des Frachtraumes dem Verlader eine gewisse Freizügigkeit bezüglich der gelieferten Gesamtmenge in der Regel ausdrücklich eingeräumt wird (im übrigen auch hinsichtlich der Zusammensetzung der Partie nach Sorten). Meist wird vereinbart, daß z. B. bei Schnittholz bis zu 10 % über die insgesamt vereinbarte Menge geliefert werden darf (bei Sperrholz 2½ %). Falls in mehreren Schiffen verladen werden muß, wird die Möglichkeit einer Mehrlieferung auf die zuletzt verladene Frachtmenge beschränkt.

Eine besondere Erschwerung bildet die Vielzahl der in der Holzwirtschaft üblichen Maßeinheiten.

Man kann hier zwei große Bereiche unterscheiden:

1. das englische Maßsystem mit dem Standard (= 4,67 cbm) als Hauptmaßeinheit;

2. das metrische Maßsystem mit dem Kubikmeter (in Westdeutschland bei Rundholz Festmeter genannt) als Hauptmaßeinheit[4].

Die einzelnen Holzexportländer richten sich dabei in ihren Maßsystemen oft nach ihrem hauptsächlichsten Kunden. So verwendet Skandinavien ausschließlich — auch bei Verkäufen nach dem europäischen Kontinent — das englische Maßsystem mit englischem Zoll

---

[4] Bei afrikanischen Rundhölzern ist es jedoch üblich, nach Gewicht in t zu verkaufen (Okoumé, Abachi usw.).

für die Stärke und Breite, englischem Fuß für die Länge und Standard für den Rauminhalt. Daneben gelten im angelsächsischen Raum (vor allem in den USA) noch cord (= 3,62 cbm), board-foot (1000 board-feet = 2,36 cbm) und fathom (Faden), wobei der schwedische sogenannte „kleine" Faden (6' × 6' × 6' englisch) 6,27 rm, der russische sogenannte „große" Faden (7' × 7' × 7' englisch) 9,7 rm entspricht.

In Europa, wo das metrische System sich vollständig durchgesetzt hat, seit auch Rußland dazu übergegangen ist, werden Sortimente wie Faserholz, Grubenholz, Brennholz, Schwarten (Grubenschwarten) u. ä. auch nach Schichtmaß gemessen in Raummetern und Faden (fathom), gehandelt. Es besteht dabei die Eigentümlichkeit, daß bei Schichtmaß die Abmessungen des Stapels, d. h. das darin enthaltene Holz einschließlich der Lufträume zwischen den Einzelstücken für das Volumen in Raummetern maßgebend ist. Bei Holz, das nach Festmaß verkauft wird, z. B. Rundholz und Schnittware, wird stückweise vermessen, d. h. nur der tatsächliche Holzinhalt erfaßt.

b) Die Mängelrüge im internationalen Holzhandel

Die Regelung von Qualitätsbeanstandungen und die Durchführung von Arbitragen wird in den einzelnen Importländern, ja sogar in den verschiedenen Hafenplätzen ein und desselben Landes, sehr verschieden gehandhabt, so daß allgemein gültige Gepflogenheiten hier nicht angegeben werden können.

Im allgemeinen dürfte man so verfahren, daß nach dem Löschen der Ladung eine Qualitätsabnahme durch den Importeur und den Holzimport-Agenten oder Makler, der den Ablader vertritt, erfolgt. Mitunter wird die maßgebliche Abnahme aber auch schon *vor* der Verladung auf dem Lagerplatz des Verkäufers vorgenommen, sei es durch eigene Beamte des Käufers oder durch einen beauftragten Sachverständigen. Dieses Verfahren wird insbesondere bei Lieferung von wertvoller und schwierig zu sortierender Ware gepflogen.

Treten Unstimmigkeiten auf, die auf gütlichem Wege nicht beizulegen sind, wird eine Arbitrage durch meist vereidigte Sachverständige durchgeführt und der Minderwert der fraglichen Partie in %/o oder nach Punkten festzulegen versucht. Da es sich bei der Arbitrage um eine Beurteilung handelt, für die es keine allgemeingültigen Richtlinien geben kann, die auch jeden Grenzfall umfassen, ist hier das Vertrauen der Kontrahenten zueinander und zu dem Urteil der Sachverständigen sehr wesentlich. Zur Regelung solcher Unstimmigkeiten bestehen in manchen Ländern besondere Schiedsgerichte amtlichen oder auch halbamtlichen Charakters. Oft sind einschlägige Vereine oder Verbände der gewerblichen Wirtschaft die Träger solcher Einrichtungen, mitunter auch die Industrie- und Handelskammern oder ähnliche Institutionen, wobei von diesen unparteiisch entsprechende Sachverständige beauftragt werden.

VI. Die Bestimmungsgrößen der Konjunktur auf den Holzmärkten

Der Konjunkturablauf auf den Holzmärkten unterliegt verschiedenen Einflüssen:

1. Die Konjunkturentwicklung für Rohholz einerseits und für Holzhalbwaren, Zellstoff und Papier andererseits ist oft gegenläufig, obwohl 30—50 % der Preise für Holzhalbwaren (bzw. Erzeugnisse aus Holz) auf Materialkosten zurückzuführen sind. Die Lücke zwischen Angebot und Nachfrage bei Rohholz ist in vielen Ländern oft erheblich, der Ausgleich, wie bereits geschildert, jedoch schwierig. Hinzu kommt, daß Rohholz — insbesondere in den schwächeren Dimensionen — zu den verschiedensten Zwecken geeignet ist. Man kann denselben Stamm je nach Belieben bzw. Marktlage ins Brennholz, ins Faserholz, ins Grubenholz oder aber ins Sägerundholz sortieren. So kann ein Mangel an Faserholz bei guter Konjunktur auf dem Papiermarkt einen Rundholzmangel in der Sägeindustrie bei sinkenden Preisen für Schnittholz verursachen oder scheinbar unmotivierte Preissteigerungen bei Grubenholz hervorrufen.

2. In vielen Ländern ist der Staat der größte, mindestens jedoch ein bedeutender Waldbesitzer (Kanada — 80 % der Waldfläche). Er spielt dann eine erhebliche, wenn nicht die ausschlaggebende Rolle als Rohholzverkäufer. Da er dabei sein Verhalten oft mehr nach fiskalischen als nach marktpolitischen Gesichtspunkten ausrichtet, reagieren Rohholzpreise auf allgemeine konjunkturelle Entwicklungstendenzen oft anders, als an sich zu erwarten wäre, und anders als die daraus erzeugten Halbwaren. Diese Differenzierung wird dadurch gefördert, daß der Materialanteil im Rohholzpreis infolge der langen Umtriebszeiten der Forstwirtschaft (40 bis 120 Jahre) nicht kalkulierbar ist und der Verkaufspreis beim Rohholz neben einer gewissen Gewinnspanne zunächst nur die Kosten der Bringung, des Transportes (Rücken) und eventuell der Wiederaufforstung decken muß. Dies erleichtert auch dem Privatwaldbesitz ein den Marktverhältnissen nicht konformes Verhalten. Da der Zuwachs an Rohholz nicht beliebig gesteigert werden kann, ist Rohholz oft ein Objekt planwirtschaftlicher Lenkungsmaßnahmen.

3. Je höher veredelt ein Erzeugnis des Holzmarktes ist, desto leichter ist ein Ausgleich zwischen Angebot und Nachfrage durch Importe und desto stärker lehnt sich seine Inlandskonjunktur an die Weltmarkttendenzen an, sofern durch handels- oder steuerpolitische Kunstgriffe nicht exogene Störungen in die Wirtschaft des betreffenden Landes hineingetragen werden.

4. Wenn man nur die westliche Welt betrachtet, kommen rund vier Fünftel des gesamten Holzexports aus Kanada, Schweden, Finnland und Österreich — zwei Drittel der Importe werden von Belgien, Holland, Italien, Großbritannien und den USA aufgenommen. Angebot und Nachfrage auf dem Weltholzmarkt hängen demnach von der Marktpolitik weniger Länder ab.

5. Die USA konsumieren (wenn Osteuropa nicht berücksichtigt wird) rund ein Drittel des Weltverbrauchs an Holz und Holzerzeugnissen einschließlich Papier und Pappe (bei Papier und Pappe wird über die Hälfte der Weltproduktion in den USA erzeugt, darüber hinaus gehen zwei Drittel der Weltimporte nach den Vereinigten Staaten). Die Konjunktur auf dem Weltmarkt bei Holzhalbwaren und vor allem bei Zellstoff, Papier und Pappe hängt also stark vom marktpolitischen Verhalten der USA und der Konjunktur in den Vereinigten Staaten ab. Eine 10%ige Schwankung im Konsum der USA ergibt in der Gesamtbilanz bereits ein Plus oder Minus von etwa einem Drittel des mengenmäßigen Welthandelsvolumens auf diesem Gebiet (umgerechnet auf Rohholzeinheiten).

6. Trotz der weitgehenden Trennung der UdSSR und der Ostblockstaaten vom westlichen Weltmarkt auf dem Holzgebiet bringt die Tatsache, daß das marktpolitische Verhalten dieser Gebiete gegenüber der übrigen Welt weitgehend von politischen Gesichtspunkten beeinflußt wird, angesichts des Holzreichtums dieser Staaten erhebliche Unsicherheitsmomente in alle Konjunkturprognosen. Dies gilt vor allem für den Rohholz- und Schnittholzmarkt, weniger (vorläufig wenigstens) für den Papiermarkt, der aber auf dem Umwege über das Faserholz ebenfalls beeinflußt werden könnte.

7. Auf den Inlandsmärkten ist die Konjunktur für Holz und Erzeugnisse aus Holz im wesentlichen
    von der Bautätigkeit und
    vom Bedarf nach Verpackungsmitteln
abhängig. Die Entwicklung auf dem Bau- und dem besonders verpackungsintensiven Konsumgütersektor ist demnach vor allem bestimmend für den Konjunkturverlauf in der Holzwirtschaft. Der Verpackungsmittelbedarf hängt außerdem stark von der Entwicklung des Welthandels ab.

8. Bei der Herstellung von Schnittholz, Furnieren und Sperrholz entstehen in der Regel im gleichen Arbeitsgang als Kuppelprodukte Erzeugnisse mit unterschiedlichen Abmessungen und Gütegraden. Dies erschwert bzw. verhindert eine exakte Kalkulation der Kosten und fördert die Preisbildung auf dem Wege über die Ausrichtung nach dem Verhalten des Nachbarn bzw. nach bekanntgewordenen Preisen und Preisrelationen im Binnen- und Außenhandel.

Die Inlandspreise für diese Holzhalbwaren pflegen sich deshalb trotz der relativ geringen internationalen Handelsbeziehungen auf diesem Gebiet weitgehend nach den Preisen auszurichten, die im internationalen Handel zustande kommen.

9. Der hohe Anteil kleiner und kleinster Betriebe innerhalb des holzbe- und holzverarbeitenden Gewerbes und die Tatsache, daß unter ihnen der gemischte Betrieb relativ häufig vorkommt, fördert bei Absatzkrisen das Auftreten von Preisunterbietungen (Schleuderpreise). Konjunkturschwankungen werden dadurch nicht unwesentlich verstärkt.

VII. Die Holzforschung

Während sich aus Metallen durch entsprechende Legierung, durch zweckmäßige Verarbeitungsverfahren und durch thermische Behandlung Werkstoffe züchten lassen, deren Eigenschaften sehr genau im voraus bestimmt und in engen Streuungsbereichen gehalten werden können, ist das organisch gewachsene Holz ein äußerst heterogener Stoff, dessen Eigenschaften in besonders weiten Grenzen streuen. Sämtliche mit der Nutzung des Holzes als Roh- und Werkstoff zusammenhängenden wissenschaftlichen Probleme sind deshalb außerordentlich verwickelt und umfassen ein sehr weites Gebiet. Die Aufgaben und die weite Verzweigung des Tätigkeitsfeldes der Holzforschung werden am besten durch einige Beispiele charakterisiert.

Bereits durch entsprechende waldbauliche Maßnahmen an den wachsenden Beständen im Forst lassen sich die künftigen Eigenschaften des Holzes in erheblichem Umfange lenken. Die Erforschung der Eigenschaften des Holzes, der zweckmäßigen Verfahren seiner Nutzung usw. kann sich also nicht, wie bei anorganischen Stoffen, auf die Untersuchung des Stoffes selbst und seiner Nutzung beschränken, sondern muß bei Holz praktisch bereits beim Samen beginnen, aus dem der Baum entsteht, der den Rohstoff Holz liefert.

Das Studium der Probleme, die mit Holzschutzmaßnahmen in Verbindung stehen, wie z. B. der Fragen der Eignung verschiedener Holzschutzmittel — setzt voraus, daß die Lebensgewohnheiten der pflanzlichen und tierischen Schädlinge in allen Einzelheiten erforscht werden. Insbesondere ist zu klären, bei welcher relativen Luftfeuchtigkeit und Temperatur sie die besten Wachstumsbedingungen finden, welches ihre Symbiosen und natürlichen Feinde sind, worin ihre Zerstörungstätigkeit im Holz vom physiologischen und chemischen Standpunkt aus gesehen besteht usw. Dies setzt wiederum voraus, daß die Zucht dieser Lebewesen zu Prüfzwecken einwandfrei beherrscht werden muß.

Bei der Erforschung der Vorgänge der Holzzerspanung sind infolge der Heterogenität des Werkstoffes Holz die Probleme ebenfalls wesentlich komplizierter als bei der Zerspanung von Metall; daher

VII. Die Holzforschung

sind auch die Kenntnisse, über die man auf dem Gebiet der Metallzerspanung heute verfügt, wesentlich vollständiger als die Kenntnisse über die Holzzerspanung.

Aus diesen Beispielen, die sich leicht auf andere Gebiete, z. B. jenes der Holztrocknung, der Holzdämpfung, der Verleimtechnik oder der Oberflächenbehandlung, ausdehnen ließen, ergeben sich für die Holzforschung folgende grundsätzliche Feststellungen:

1. Die Holzforschung hat ein besonders umfangreiches Aufgabengebiet, das sich neben der vertikalen Aufteilung in Grundlagen- und Zweckforschung horizontal folgendermaßen gliedern läßt:

Forschungsgebiete	Forschungsziele
Biologische Holzforschung	Erforschung der Eigenschaften, der Lebensweise, des Ertrages, der Standorte, des Anbaus, der Aufzuchtverfahren, der Krankheiten, der Schutzmaßnahmen, der Fällungsmethoden und der Aufarbeitungsweisen der einzelnen Baum- bzw. Holzarten
Chemische Holzforschung	Erforschung der chemischen Bestandteile des Holzes, ihres Aufbaues und ihrer Vergesellschaftung in der Holzzellwand, sowie der chemischen Verfahren der Aufschließung des Holzes als Faserrohstoff
Mechanisch-physikalische Holzforschung	Erforschung der physikalischen und chemischen Eigenschaften des Holzes und der Holzwerkstoffe; der physikalischen Grundlagen der Holztrocknung, der Verfahren der Holzveredelung, Holzverleimung und Holzbearbeitung (Zerspanungsforschung)

2. Infolge der vielen an der Holzforschung beteiligten Wissenschaften (Chemie, Physik, Zoologie, Botanik, Biologie usw.) ist eine Koordinierung der Forschungstätigkeit auf den verschiedenen Forschungsgebieten bei Holz besonders vordringlich.

3. Die insgesamt notwendigen Forschungshilfsmittel in Gestalt der technischen Ausrüstung mit Vorrichtungen, Prüf- und Meßgeräten sowie mit Maschinen aller Art sind sehr umfangreich und kostspielig.

4. Infolge der erheblichen Streuung der Holzeigenschaften sind zuverlässige Forschungsergebnisse nur auf Grund längerer Versuchs- bzw. Meßreihen zu erzielen. Großzahlforschung ist demnach bei der Holzforschung besonders unentbehrlich, was die Kosten der Forschung zusätzlich erhöht.

5. Ungeachtet des Bestehens kleinerer Forschungsstätten sind auf dem Gebiete der Holzforschung große zentrale Holzforschungsanstalten besonders nutzbringend. Sie ermöglichen es, Fachleute für die vielen an der Holzforschung beteiligten Wissenschaften in gemeinsamer Arbeit zu vereinigen, verfügen über den für Großzahlforschungen not-

wendigen Stab an technischem Personal und lohnen den Einsatz einer wirklich vollständigen Ausrüstung mit Forschungshilfsmitteln.

6. Wegen der erheblichen Kosten ist die Finanzierung der Holzforschung besonders schwierig. Sie ist im allgemeinen nur dann zu verwirklichen, wenn sowohl der Staat als auch die gewerbliche Holzwirtschaft Zuschüsse leisten.

7. Holzforschungsgesellschaften als Träger der Holzforschung haben sich in der Welt besonders gut bewährt.

8. Der in den letzten beiden Jahrzehnten stark angewachsene Umfang des Wissens vom Holz und seine praktische Anwendung in der Holzwirtschaft haben einen Sonderbedarf an Fachleuten für die Holzwirtschaft entstehen lassen, die entsprechend dem neuesten Stand der Wissenschaft geschult sind. Für die Holzforschung ergeben sich daraus zusätzliche Aufgaben der Schulung.

9. In der Holzforschung spielt die Zweckforschung in den Laboratorien des gewerblichen Einzelbetriebes (ausgenommen die an der chemischen Holzforschung interessierte Zellstoff-, Papier- sowie Holzfaserplattenindustrie) eine merklich geringere Rolle als in anderen Branchen.

10. Die gewerbliche Holzwirtschaft ist auf entsprechende Gutachten der zentralen Holzforschungsinstitute besonders angewiesen.

In den letzten 25 Jahren haben die Holzforschung und die Holztechnik auf der ganzen Welt einen großen Aufschwung genommen, so daß man heute schon von einer wirklichen Wissenschaft des Holzes sprechen kann.

Ihr Ursprung ist einerseits in der viel älteren Forstwirtschaft, andererseits in wissenschaftlichen Untersuchungen der Holzeigenschaften für Bauzwecke und für Zwecke des Holzschutzes zu suchen, sowie in den grundlegenden chemischen Untersuchungen am Holz, die im Interesse der Papier- und später der Faserplattenindustrie gemacht wurden. Besonders befruchtend wirkte sich durch neue Erkenntnisse auch der Holzflugzeugbau während des letzten Krieges aus

Als Geburtsjahr der eigentlichen Holzforschung wird das Jahr 1910 bezeichnet, als in den USA in Madison (Wisconsin) vom amerikanischen Landwirtschaftsministerium das „Forest Products Laboratory" gegründet wurde. Kanada folgte 1913 mit der Errichtung eines ähnlichen Laboratoriums in Vancouver. 1920 gründeten England eine Holzforschungsanstalt in Princes Risborough und Indien eine ähnliche Institution in Dehra Dun, während in Deutschland erst 1920 die erste kleine Holzforschungsstelle in Darmstadt entstand. Frankreich errichtete 1936 das Institut National du Bois und Schweden überraschenderweise erst 1944 das schwedische Holzforschungsinstitut.

Allerdings ging der Aufbau von Holzforschungsstellen aller Art dann sehr stürmisch vonstatten.

Die Holzforschungsstellen in der Welt 1952

Art der Anstalt Gebiet	Allgemeine Forschungsanstalten	Physikalisch-mechanische Forschungs-Institute	Chemische Forschungs-Institute	Institute für Wirtschaftsforschung	Forschungsgesellschaften
Europa	25	71	214	18	65
Naher Osten u. Nordafrika	1	1	4	1	2
Nordamerika	12	128	148	26	115
Latein-Amerika	6	8	30	3	10
Afrika (ohne Nordafrika)	—	—	6	1	3
Süd- und Ostasien	5	7	28	5	4
Ozeanien	3	3	20	1	14
Insgesamt	52	218	450	55	213

Quelle: E. Mörath, FAO: Die internationale wissenschaftliche Zusammenarbeit auf dem Gebiete der Forstwirtschaft und der Forstprodukte. Internat. Holzmarkt 1952.

Die obige, von der FAO zusammengestellte Übersicht läßt den hohen Stand des Ausbaus der Holzforschung in Nordamerika erkennen, sowie das Übergewicht der chemischen Holzforschung in der Welt, zu erklären durch das Interesse der Zellstoff- und Papierindustrie an der chemischen Holzforschung.

VIII. Literaturhinweise

FAO: Yearbook of Forest Products Statistics. Rom 1951, 1952
  Tropical Woods and Agricultural Residues as Sources of Pulp. Rom 1952
  European Timber Statistics 1913—1950. Genf 1953
  European Timber Trends and Prospects. Genf 1953
G r o t t i a n , W.: Die Krise der deutschen und europäischen Holzversorgung. Berlin 1948
Handwörterbuch der Sozialwissenschaften: Stichwort „Holzwirtschaft". Stuttgart 1952
Holzzentralblatt Verlags-GmbH., Stuttgart: Holzwirtschaftliches Jahrbuch. Stuttgart 1952 und 1953
Hubertus-Verlagsgesellschaft mbH., Heidelberg: Papiermachertaschenbuch. Heidelberg 1952
IFO-INSTITUT für Wirtschaftsforschung, München: Deutsches Branchenhandbuch für Industrie und Handel 1952: Lieferung „Holz" sowie „Papier und Druck". München 1952
K o l l m a n n , F.: Technische Maßnahmen zur Entlastung der Holzbilanz. Sylvae Orbis No. 7. Berlin 1943
  Technologie des Holzes. Berlin 1951
Krögers Verlagsanstalt GmbH., Hamburg-Blankenese: Taschenbuch für den Holzfachmann. Hamburg-Blankenese 1951
M a h l k e - T r ö s c h e l: Holzkonservierung. Berlin 1953.
M ü l l e r , W.: Die bayerische Holzwirtschaft unter besonderer Berücksichtigung der Holzeinsparung (unveröffentlichtes Manuskript). München 1947/48
OEEC: Possibilities of Increasing the Use of Tropical Timber. Paris 1949
  Timber Committee. Production and Consumption of Tropical Timber. Bo (52) 8 OT (52) 4, Paris 1952
Staatliches Holztechnikum, Rosenheim: 25 Jahre Holztechnikum Rosenheim. Rosenheim 1950
T r e n d e l e n b u r g , R.: Das Holz als Rohstoff. München-Berlin 1939
Treuhandstelle der Zellstoff- und Papierindustrie, Wiesbaden: Weltpapierstatistik. Wiesbaden 1949
  Jahrbuch der Treuhandstelle. Wiesbaden 1950 und 1951
V o r r e i t e r , L.: Handbuch für Holzabfallwirtschaft. Neudamm 1943

P e r i o d i s c h e V e r ö f f e n t l i c h u n g e n

Ab Svensk Trävaru Tidning, Stockholm: Svensk Trävaru Tidning
  Svensk Pappersmasse Tidning
Deutsche Gesellschaft für Holzforschung, Stuttgart: Nachrichten der Deutschen Gesellschaft für Holzforschung
Deutscher Forstwirtschaftsrat, Hann.-Münden: Nachrichten-Dienst
FAO Headquarters, Rom: Unasylva
  Timber Statistics Quarterly Bulletin
Holzzentralblatt Verlags-GmbH., Stuttgart: Holzzentralblatt
Krögers Verlagsanstalt, Hamburg: Die Weltholzwirtschaft
Schutzgemeinschaft Deutscher Wald. Hann.-Münden: Monatsberichte
Verlag Norddeutsche Holzwirtschaft GmbH., Herford: Norddeutsche Holzwirtschaft

Printed by Libri Plureos GmbH
in Hamburg, Germany